《会计信息化工作规范》和《会计软件基本功能和服务规范》释义

财政部会计司编写组 ◎ 编

中国财经出版传媒集团
经济科学出版社
·北京·

图书在版编目（CIP）数据

《会计信息化工作规范》和《会计软件基本功能和服务规范》释义 / 财政部会计司编写组编. -- 北京：经济科学出版社，2025.4. -- ISBN 978-7-5218-6910-1

Ⅰ. F232

中国国家版本馆 CIP 数据核字第 2025Y6V190 号

责任编辑：杨金月
责任校对：齐 杰
责任印制：范 艳

《会计信息化工作规范》和《会计软件基本功能和服务规范》释义

《KUAIJI XINXIHUA GONGZUO GUIFAN》HE《KUAIJI RUANJIAN JIBEN GONGNENG HE FUWU GUIFAN》SHIYI

财政部会计司编写组　编

经济科学出版社出版、发行　新华书店经销

社址：北京市海淀区阜成路甲 28 号　邮编：100142

总编部电话：010-88191217　发行部电话：010-88191522

网址：www.esp.com.cn

电子邮箱：esp@esp.com.cn

天猫网店：经济科学出版社旗舰店

网址：http://jjkxcbs.tmall.com

北京季蜂印刷有限公司印装

787×1092　16 开　7.25 印张　120000 字

2025 年 4 月第 1 版　2025 年 4 月第 1 次印刷

ISBN 978-7-5218-6910-1　定价：32.00 元

（图书出现印装问题，本社负责调换。电话：010-88191545）

（版权所有　侵权必究　打击盗版　举报热线：010-88191661

QQ：2242791300　营销中心电话：010-88191537

电子邮箱：dbts@esp.com.cn）

前　言

2024年7月，为贯彻落实党中央、国务院有关决策部署和《中华人民共和国会计法》的有关要求，财政部修订印发了《会计信息化工作规范》（财会〔2024〕11号，以下简称《工作规范》）及《会计软件基本功能和服务规范》（财会〔2024〕12号，以下简称《软件规范》），自2025年1月1日起施行。《工作规范》和《软件规范》（以下统称"两项规范"）对数字经济环境下的会计工作，以及会计软件基本功能和服务进行了全面规范，是今后一个时期各单位、会计软件服务商和各级财政部门开展相关工作的重要依据。"两项规范"的发布实施，对于提升我国会计信息化水平、推动会计工作数字化转型、促进会计软件产业的健康发展、保障会计信息的安全性和可靠性具有重要意义。

为了指导和帮助有关单位、会计软件服务商和各级财政部门全面准确理解和掌握"两项规范"，推动"两项规范"的有效贯彻实施，财政部会计司编写组编写了《〈会计信息化工作规范〉和〈会计软件基本功能和服务规范〉释义》，对"两项规范"的内容分章、逐条进行了全面系统的讲解。本书共分为三大部分：第一部分是对《工作规范》的释义，逐条讲解了总则、会计信息化建设、会计数据处理和应用、会计信息化安全、会计信息化监督、附则等方面的内容；第二部分是对《软件规范》的释义,从总则、会计软件总体要求、会计数据输入、会计数据处理、会计数据输出、会计软件安全、会计软件服务、附则等方面进行了详细讲解;第三部分为附录,收录了《中华人民共和国会计法》《财政部关于印发〈会计信息化工作规范〉的通知》《财政部关于印发〈会计软件基本功能和服务规范〉的通知》。

本书具有以下三个特点:一是前瞻引领,守正创新。本书在详细解读"两项规范"内涵的基础上,结合数字经济的发展趋势,对我国会计工作数字化转型的发展方向进行了展望,总结了有关单位利用现代信息技术创新的会计工作模式,为读者提供了前瞻性的思考和启示。二是深入浅出,贴近实务。本书充分借鉴了有关单位会计信息化工作的经验做法,将抽象的规范条文转化为生动具体的实践场景,力求贴近会计信息化实务工作,方便读者直观理解规范的实质要求,增强对单位实施"两项规范"的指导性。三是术语详尽,释疑解惑。鉴于会计信息化领域专业术语较多,本书特别注重专业名词的解释与普及,对规范中涉及的关键术语进行了清晰、准确的界定与解读,进一步加深读者对有关条款的理解和掌握。

在本书的编写过程中,上海国家会计学院、中国石油化工集团有限公司、中国移动通信集团有限公司、国家电网有限公司、中国南方电网有限责任公司、北京用友政务软件股份有限公司、浪潮通用软件有限公司、金蝶软件有限公司、北京久其软件股份有限公司、北京中科江南信息技术股份有限公司、北京四方启点科技有限公司、中金金融认证中心有限公司、北京国家金融科技风险监控中心有限公司、天职国际会计师事务所(特殊普通合伙)等单位和全国会计信息化标准化技术委员会有关咨询专家提供了大力支持,在此表示衷心的感谢!

由于时间仓促,加之水平有限,书中难免有疏漏或不当之处,敬请广大读者批评指正。

财政部会计司编写组
2025 年 3 月

目　　录

第一部分　《会计信息化工作规范》释义

第一章	总则	3
第二章	会计信息化建设	11
第三章	会计数据处理和应用	25
第四章	会计信息化安全	40
第五章	会计信息化监督	47
第六章	附则	51

第二部分　《会计软件基本功能和服务规范》释义

第一章	总则	55
第二章	会计软件总体要求	57
第三章	会计数据输入	62
第四章	会计数据处理	66
第五章	会计数据输出	73
第六章	会计软件安全	75
第七章	会计软件服务	79
第八章	附则	84

第三部分　附　录

附录 1　中华人民共和国会计法 ·· 87

附录 2　财政部关于印发《会计信息化工作规范》的
　　　　通知 ·· 96

附录 3　财政部关于印发《会计软件基本功能
　　　　和服务规范》的通知 ··· 105

第一部分

《会计信息化工作规范》释义

第一章 总 则

第一条 为了规范数字经济环境下的会计工作，推动会计信息化健康发展，提高会计信息质量，发挥会计数据作用，根据《中华人民共和国会计法》等法律、行政法规和规章，制定本规范。

【释义】本条明确了《会计信息化工作规范》（财会〔2024〕11号，以下简称《工作规范》）制定的宗旨和依据。

《工作规范》的制定主要基于以下考虑：

一是贯彻落实党中央、国务院决策部署，推动数字中国建设的必然要求。党的十八大以来，以习近平同志为核心的党中央作出建设数字中国的重大决策部署，把发展数字经济上升为国家战略。会计工作是宏观经济管理和市场资源配置的基础性工作。加强会计信息化建设，推动会计信息化健康发展，方能有效支撑数字经济的高质量发展。

二是贯彻落实《中华人民共和国会计法》（以下简称《会计法》）要求、完善会计信息化制度规范体系的重要举措。为规范不同时期信息化环境下的会计工作，财政部曾于1996年、2013年分别发布《会计电算化工作规范》（财会字〔1996〕17号）、《企业会计信息化工作规范》（财会字〔2013〕20号），对推动会计电算化和企业会计信息化工作发挥了积极作用。随着数字经济向纵深发展，会计信息化工作面临新的形势和任务，原有规范已不能适应新时代对会计信息化工作的指导要求。第十四届全国人大常委会第十次会议表决通过的《关于修改〈中华人民共和国会计法〉的决定》，首次将会计信息化写入《会计法》，在第八条提出"国家加强会计信息化建设，鼓励依法采用现代信息技术开展会计工作，具体办法由国务院财政部门会同有关部门制定"。制定发布《工作规范》，是贯彻落实《会计法》的重要举措，有利于单位依法依规开展会计信息化工作，也有利于财政部门等监管部门开展会计信息化监督检查。

三是顺应数字经济发展趋势、加快推动会计工作数字化转型的客观需要。随着大数据、人工智能、移动互联、云计算、物联网、区块链等现代信息技术创新迭代速度加快，经济社会数字化转型全面开启和深入推进，为新时期会计工作带来了新的机遇和挑战。积极主动运用新技术推动会计工作数字化转型，是会计工作高质量发展的必由之路。通过制定《工作规范》，为单位提供会计信息化理念、技术、方法等方面的指导，有利于加快推动会计工作数字化转型。

四是深化创新实践经验共享共融、促进单位会计信息化协同发展的有效途径。近年来，财政部会同相关部门相继开展了电子发票电子化报销、入账、归档试点，电子凭证会计数据标准试点等工作，取得积极成效；部分会计信息化应用水平较高的单位在推进会计信息化工作方面总结形成了很多可复制、可推广的实践经验，如电子会计档案、财务共享服务、业财一体化、预算管理一体化、智能财务等方面的创新应用，为会计信息化的发展和创新提供了新的方向。通过制定《工作规范》，进一步聚焦创新实践经验，为单位开展会计信息化工作作出规范和指引，促进单位会计信息化的共享共融，有利于实现会计信息化的优化和协同发展。

第二条 国家机关、社会团体、公司、企业、事业单位和其他组织（以下统称单位）开展会计信息化工作，适用本规范。

【释义】本条明确了《工作规范》适用的主体和所约束的对象范围。

从适用的主体而言，本规范适用于国家机关、社会团体、公司、企业、事业单位和其他组织（以下统称单位），这与《会计法》第二条第二款规定的主体范围保持一致，表明本规范的适用主体具有广泛性，旨在确保会计信息化政策在各类型单位中规范、统一地实施。

从《工作规范》宗旨来说，其约束对象是单位的会计信息化工作。只要单位开展会计信息化工作，都应当受到本规范的约束。同时，未设置会计机构和会计岗位的单位，采取委托代理记账机构或者财政部规定的其他方式组织会计工作的，该单位及代理记账机构的会计信息化工作也属于《工作规范》约束的范围。

第三条 本规范所称会计信息化，是指单位利用现代信息技术手段和数字基础设施开展会计核算，以及利用现代信息技术手段和数字基础设施将会计核算与其他经营管理活动有机结合的过程。

本规范所称会计软件，是指单位使用的专门用于会计核算、财务管理的应用软件或者其功能模块。会计软件具有以下基本功能：

（一）为会计核算、财务管理直接采集数据；

（二）生成会计凭证、账簿、报表等会计资料；

（三）对会计资料进行存储、转换、输出、分析、利用。

本规范所称会计软件服务，是指会计软件服务商提供的通用会计软件开发、个性化需求开发、软件系统部署与维护、云服务功能使用订阅、用户使用培训及相关的数据分析等服务。

本规范所称会计信息系统，是指会计软件及其软硬件运行环境。

本规范所称电子会计凭证，是指以电子形式生成、传输并存储的各类会计凭证，包括电子原始凭证、电子记账凭证。电子原始凭证可由单位内部生成，也可从外部接收。

【释义】本条对《工作规范》涉及的重要概念进行了界定。

1. 关于会计信息化

对会计信息化的界定，应当把握好以下两点：

（1）利用现代信息技术手段和数字基础设施更符合当前及未来开展会计信息化工作的实际情况与发展趋势。现代信息技术手段通常指以数字化、网络化、智能化为特征的技术工具和方法，是对信息进行获取、存储、处理、传输和应用的技术总和，包括但不限于：通信技术（如5G、光纤通信等）、计算技术（如云计算、边缘计算等）、数据技术（如大数据分析、数据挖掘等）、智能技术（如人工智能、机器学习等）、应用技术［如物联网、区块链、虚拟现实（VR）/增强现实（AR）等］。而数字基础设施是支撑数字化应用和服务的基础设施体系，包括信息基础设施（如5G、物联网、工业互联网等）、融合基础设施（如智能交通、智慧能源等）和创新基础设施（如重大科技基础设施等）。上述现代信息技术手段和数字基础设施不仅会提升会计工作的效率与质量，更能推动会计工作的创新发展。

（2）会计信息化的范畴不仅限于会计核算的信息化。考虑到单位内部其他经营管理职能与会计职能可能存在交叉，其他信息系统可能是会计信息系统的重要数据源，因此《工作规范》将会计核算与其他经营管理活动相结合的情况纳入会计信息化范畴。通过对会计信息化范畴的界定，有利于单位理解会计信息化与其他领域信息化的密切关系，有利于单位财会部门适当地参与单位全领域的信息化工作，从而使其他信息系统更好地满足会计信息系统的数据需求。此外，作为单位信息流的枢纽，财会部门的参与有助于建立统一的数据字典，促进业财数据融通汇聚，减少信息孤岛现象。

2. 关于会计软件

对会计软件的界定，应当把握好以下三点：

（1）功能是界定会计软件的核心标准。判断一种软件是否属于会计软件，关键在于其是否具有本条第二款所列的三项基本功能。具备三者之一的，就可以归为会计软件。

关于第（一）项，数据采集功能，应当注意"直接"两字。会计处于单位信息流的下游，部分业务系统采集的数据最终都为会计所用，但不能因此而无限扩大会计软件范畴。只有那些直接为会计核算、财务管理采集数据的软件，才应归于会计软件范畴。"直接"是指数据采集后应用或服务于会计核算、财务管理的职能范围，而不再经过其他业务职能处理。

关于第（三）项，会计资料的存储、转换、输出、分析、利用功能，主要指将会计数据进行采集、存储、转换成不同形式，以便于管理层、审计或其他系统使用，并通过分析将这些信息用于决策和其他业务活动。

（2）会计软件的表现形式丰富多样，可以是独立的应用软件（如桌面客户端、云端 SaaS 应用等），也可以是大型应用软件中专门负责会计或财务管理的功能模块。无论何种形式，只要其具备上述功能特性，均可归入《工作规范》所定义的会计软件范畴。

（3）会计软件具有专用性。即会计软件应当是专为完成会计核算或者财务管理目的而设计的。单位开展会计核算或者财务管理工作，可能用到的软件很多，如单位使用的办公自动化系统，或者 Word、Excel 等通用软件，上述系统或软件也会被运用到财务会计工作中，但不是专门为财务会计工作设计的，因此不属于会计软件。

准确把握会计软件的界限，对于财会监督工作十分必要。例如，单位使用企业资源计划（ERP）系统开展经营管理，如果其会计核算功能依附于单独模块完成，则应当将该模块而不是整个 ERP 系统认定为会计软件。

3. 关于会计软件服务

从工作节点来看，会计软件服务包含软件开发、系统部署、系统维护、用户使用培训与运维、相关数据分析等内容。从提供服务的方式来看，会计软件服务包含本地部署方式或云服务功能订阅方式，本地部署又包含开发通用软件、满足个性化需求等内容。因此，会计软件的配备及后续的服务工作是一个整体，个性化需求开发、软件系统部署与维护、云服务功能使用订阅、用户使用培训及相关的数据利用等软件后续配套服务，也应当符合《工作规范》的相关规定。

4. 关于会计信息系统

将会计软件及其软硬件运行环境整合界定为会计信息系统，作为单位开展会计信息化工作的载体。其中，软硬件运行环境通常被明确界定为支持软件系统运行所需的硬件设备和软件条件的组合。硬件运行环境通常指由计算机及其外围设备组成的计算机物理设备及其配置，这些硬件设备为软件系统的运行提供了必要的物质基础，包括处理器、内存、存储设备、输入输出设备等，它们共同构成了软件运行的硬件支撑平台。软件运行环境是指支撑目标软件正常运行所必需的基础设施集合，包括硬件资源（CPU、内存、存储）、系统层（操作系统、驱动）、软件层（运行时、中间件、数据库）及网络配置（协议、端口、连接）等。软件运行环境为软件系统的运行提供了必要的逻辑框架和功能支持，确保软件系统能够在特定的硬件平台上正确、高效地运行。

5. 关于电子会计凭证

对电子会计凭证的界定，应当把握好以下三个方面：

（1）从内容上看，依据《会计档案管理办法》（财政部　国家档案局79号令）中"会计凭证，包括原始凭证、记账凭证"的规定，《工作规范》界定电子会计凭证包括电子原始凭证、电子记账凭证。

（2）从电子原始凭证的来源看，包括从外部接收的电子形式的发票、票据、银行回单、银行对账单等，也包括单位内部形成的电子会计资料，如入库单、验收单、结算单等记录和反映单位经济业务事项的资料。

（3）从生成方式来看，电子凭证强调"原生"性，即直接通过可信电子系统生成（如税务平台开具的电子发票、医保系统签发的电子凭证等），生成过程中需包含完整的元数据，如凭证编号、时间戳、加密标识等，而非通过纸质文件转换或扫描形成。所谓"原生"是与"从纸面转换"相对应的，如果一项原始凭证从纸面扫描为电子影像，或者将手工填写的记账凭证输入会计软件中，该类电子凭证应被视为"从纸面转换"获得，而不是由信息系统自动生成。

需要注意的是，上述"从纸面转换"是直接转换，如果纸面原始凭证转换为电子资料后，又经过进一步处理，继续转换为其他资料，则其他资料应当视为"原生"而非"从纸面转换"的。例如，一张纸面销售单录入信息系统，则这张销售单应被视为"从纸面转换"的原始凭证；如果系统根据录入的销售数据自动形成了记账凭证，则该记账凭证应当视为"原生"电子凭证。

第四条 财政部主管全国会计信息化工作，主要职责包括：

（一）拟订会计信息化发展政策、制度与规划；

（二）起草、制定会计信息化标准；

（三）规范会计软件基本功能和相关服务；

（四）指导和监督单位开展会计信息化工作、会计软件服务商提供会计软件和相关服务。

第五条 县级以上地方各级人民政府财政部门负责管理本行政区域内会计信息化工作，指导和监督本行政区域内单位开展会计信息化工作。

省、自治区、直辖市人民政府财政部门负责指导和监督本行政区域内会计软件服务商提供会计软件和相关服务。

【释义】第四条和第五条分别对财政部和地方财政部门在会计信息化管理工作中的职责进行了规定。

全国会计信息化工作采取"统一领导、分级管理"的管理体制。财政部作为全国会计主管部门，在会计信息化工作中负有定方向、定规则和定标准的职能，包括制定与会计信息化发展有关的政策、制度与规划，制定与会计信息化有关的技术标准，规范会计软件的基本功能和相关服务。县级以上地方各级人民政府财政部门负责管理本行政区域内的会计信息化工作。

财政部和地方财政部门均负有对单位会计信息化工作进行监督检查的职责（具体见《工作规范》第五章规定及相关释义），不同层级财政部门按照主管关系和属地原则划分职责范围。财政部和省、自治区、直辖市人民政府财政部门均负有对会计软件服务商提供会计软件和相关服务进行监督检查的职责。

第六条 单位应当重视会计信息化工作，加强组织领导和人才培养，建立健全制度，完善管理机制，保障资金投入，积极推进会计信息化在本单位的应用。

单位负责人是本单位会计信息化工作的第一责任人。单位应当指定专门机构或者岗位负责会计信息化工作，并依照本规范的要求开展工作。

未设置会计机构和会计岗位的单位，可以采取委托代理记账机构或者财政部规定的其他方式组织会计工作，推进会计信息化应用。

【释义】本条对单位开展信息化工作的组织保障进行了规定。

单位开展会计信息化工作，应当注重组织、机构、人员、制度和资金等方面的保障。

1. 会计信息化应加强多方面保障

会计是单位各方面运营信息汇聚的枢纽，单位开展会计信息化工作，涉及的部门、业务、流程较多，需要协调的关系复杂，因此需要单位充分重视，在组织机制、制度规范、资金投入等方面加强保障。同时，会计信息化是会计核算、财务管理、内部控制等会计工作与信息技术的深度融合，需要通过培养懂会计、懂业务、懂信息技术的复合型人才，实现会计、业务与信息技术的融会贯通，更加高质量、高效率推进会计信息化应用落地。

2. 单位负责人是会计信息化工作的第一责任人

规定单位负责人作为本单位会计信息化工作的第一责任人，一方面，依据《会计法》第四条"单位负责人对本单位的会计工作和会计资料的真实性、完整性负责"，会计信息化属于会计工作的重要组成部分，也应由单位负责人负责；另一方面，会计信息化涉及的业务广、部门多，从工作实际出发，更需要单位负责人牵头组织多部门协同推动会计信息化在本单位的顺利开展。

3. 单位应指定专门机构或岗位负责会计信息化工作

由专门机构或岗位负责会计信息化工作，有利于形成职责明确、分工清晰的会计信息化工作机制。单位可以根据实际情况明确具体负责会计信息化工作的机构或岗位，对于大中型企业、公立医院、高等学校、科研院所等单位，可以在会计部门、信息技术部门内部设立专门机构或者岗位，负责开展会计信息化的规划、建设与应用工作，或者设置独立于两部门的专门部门负责；对于采用代理记账方式组织会计工作的单位，可以委托具备法定资质的代理记账机构推进会计信息化应用；对于企业集团财务共享服务、行政事业单位集中核算、村级会计委托代理服务等新型会计工作组织方式的单位，可以委托相关机构推进会计信息化应用。

需强调的是，无论采用何种组织方式，包括内设专门机构或岗位、委托代理机构等，均应遵守本规范的有关规定，确保会计工作的规范化和标准化。

第七条 单位配备会计软件、会计软件服务商提供会计软件和相关服务，应当符合国家统一的会计软件功能和服务规范的规定。

【释义】本条是对会计软件功能和服务的总体要求，是与《会计软件基本功能和服务规范》（财会〔2024〕12号，以下简称《软件规范》）等有关会计软件功能和服务规范的衔接条款。

　　本条旨在实现以下目标：提升会计软件的功能性和适用性，满足各单位会计信息化需求；确保会计软件服务的质量和一致性，避免因服务不规范而影响会计工作；促进会计信息化工作的标准化和规范化。本条概括性指出"应当符合国家统一的会计软件功能和服务规范的规定"，具体规定在《软件规范》等有关会计软件功能和服务规范中详细阐述。

第二章　会计信息化建设

第八条　单位开展会计信息化建设，应当根据单位发展目标和信息化体系建设实际需要，遵循统筹兼顾、安全合规、成本效益等原则，因地制宜地推进。

【释义】本条明确了单位开展会计信息化建设的出发点和总体原则。

单位在进行会计信息化建设的过程中，应当基于自身的发展目标和信息化体系建设的实际需求来制定策略和规划。会计信息化建设应该与单位发展目标保持一致，与单位发展所处的阶段、规模、内部文化、组织架构、员工素质、法律、监管等经营情况、管理模式和运营理念相匹配，因地制宜地开展，不能"赶时髦"，追求"一步到位"。因此，在整体规划的前提下，会计信息化建设内容可以分阶段逐步完善，根据发展需要分模块搭建。

单位开展会计信息化建设，至少应当遵循以下三个原则：

一是统筹兼顾，即单位在推进会计信息化建设时，需全面考虑并平衡各方因素，确保协调发展，既要关注会计核算或财务管理的直接需求，也要考虑与其他经营活动的结合及信息系统的互联互通，兼顾当前与长远利益，兼顾发展与安全。

二是安全合规，即单位会计信息系统的规划与建设必须遵循国家网络安全、个人信息保护、数据安全及计算机信息系统安全等相关法律法规。单位要通过加密技术、数据备份等手段，加强信息安全管理，确保系统持续稳定运行，防范网络攻击和数据泄露。

三是成本效益，即单位会计信息化项目的长期收益（包括直接收益和间接收益）必须超过其成本。单位需全面评估会计信息化项目投资回报率，确保资源高效利用，避免浪费，以科学合理地推进会计信息化工作，提升财务管理水平和市场竞争力。

第九条　单位应当加强会计信息化建设顶层设计和整体规划，明确建设目标和资源投入，统一构建管理机制和标准体系，合理搭建系统框架和内容模块，科学制定实施步骤和实施路径，保障内外部系统有机整合和互联互通。

【释义】本条强调了单位会计信息化建设顶层设计和整体规划的重要性。

随着会计信息化的深入发展，单位会计信息化应用层次和水平不断提高，业务范围不断拓宽，已逐步涵盖预算管理、费控管理、财务共享等多个系统。然而，顶层设计和总体规划的缺失，会导致系统间集成性差、数据孤岛等问题，影响应用效果和信息共享。因此，单位需进行整体性规划，明确短期和中长期目标，并根据目标合理配置人力、物力和财力等资源，统一筹划整体布局和未来发展。

在会计信息化顶层设计和整体规划过程中，单位除要明确建设目标外，还要明确如下内容：

（1）管理机制：需明确会计信息化建设与运维中的组织架构、岗位职责、权限分工、管理制度、流程及考核审查等，为会计信息系统提供坚实的管理基础。

（2）标准体系：需明确统一、规范的标准体系，确保《会计信息化工作规范》实施，包括统一的会计核算科目、流程、财务主数据、报表等业务标准，以及内部技术标准和数据标准，以保障数据的一致性和系统的兼容性。

（3）整体架构：主要涵盖业务、数据、技术和应用四个方面，根据实际需求设计系统框架，明确会计业务流程，建立统一数据标准，选择稳定安全的技术平台，设计合理的应用模块如会计核算、财务管理等，确保系统功能全面、结构合理，满足单位会计管理的多样化需求。

（4）实施步骤和路径：需明确每个阶段的任务和时间节点，分阶段、分步骤推进信息化建设，确保实施过程有条不紊，避免资源浪费和进度延误。

（5）预期资源投入：需明确预期投入资源的种类和进度计划安排，包括但不限于硬件（网络设备、存储设备、主机等）、软件（基础、支撑、应用）、信息技术服务（通信、集成、维护）及人员投入等，便于单位资源调配。

第十条 单位应当在推动实现会计核算信息化的基础上，从业务领域层面逐步推动实现财务管理信息化和决策支持信息化，从技术应用层面推动实现会计工作数字化、智能化。

【释义】本条是对单位会计信息化工作的方向性引导，推动单位从业务领域和技术领域持续深化会计信息化工作。

1. 会计信息化发展阶段及核心特征

会计信息化的发展大致可以分为以下四个阶段：

第一，会计电算化阶段。会计电算化阶段的主要特征是利用计算机替代手工记账、算账和报账，实现基础会计核算自动化，典型应用场景为财务软件处理账务（如总账、报表）等。

第二，会计信息化阶段。会计信息化阶段的主要特征是利用计算机网络技术和数据库，构建集成化会计信息系统，实现财务与业务数据互联互通，支持管理决策，典型应用场景为 ERP 系统等。

第三，会计数字化阶段。会计数字化阶段的主要特征是利用大数据、云计算、区块链等技术，通过数据驱动业务，推动业财深度融合，强调实时分析、风险预警和流程重构，典型应用场景为电子发票全流程管理、智能报销与风控等。

第四，会计智能化阶段。会计智能化阶段的主要特征是利用人工智能、机器学习、自然语言处理等技术，减少人工干预，实现对财务工作的智能预测与优化，以及决策支持的自动化，典型应用场景为智能财务机器人、AI 税务稽查、财务报告自动生成等。

2. 单位会计信息化工作的方向

如《工作规范》第八条所述，单位开展会计信息化建设，应当根据单位发展目标和信息化体系建设实际需要，因地制宜地推进。因此，不同单位的会计信息化工作所处的发展阶段可能有所不同。

从业务领域层面讲，实现会计核算信息化是单位会计信息化建设的基础，在此之上，要逐步推动实现财务管理信息化和决策支持信息化。其中，财务管理信息化涵盖资金管理、资产管理、预算控制、投资管理、成本管理、财务分析等核心领域，主要通过预算管理系统、费控系统、司库系统、综合分析系统、税务管理系统等途径实现。决策支持信息化涵盖全面预算管理、风险控制、绩效评价等核心领域，可通过数据汇集、处理、挖掘，以管理驾驶舱、智能决策系统等形式，提供直观数据指标和分析结果，助力科学决策。

从技术应用层面讲，会计电算化是会计信息化的初级阶段，数字化、智能化是会计信息化的高级阶段和发展方向。会计工作的数字化主要是指利用现代技术手段，如大数据、云计算、流程自动化（RPA）等技术，实现会计信息的自动化处理、在线操作、远程管理等功能，提高效率和准确性。会计工作的智能化主要是指应用人工智能技术，如机器学习、大模型、自然语言处理、计算机视觉等，进行财务数据深度挖掘和分析，提供智能化的决策支持。目前，我国绝大多数单位已实现会计电算化，正在向会计数字化和智能化的方向发展。

第十一条 单位应当加强会计信息化制度建设，明确会计信息化建设和应用各个领域与各个环节的管理要求和责任机制。

【释义】本条对会计信息化制度建设提出相关要求。

为了确保会计信息化建设和应用的效果，单位应当建立健全相关制度体系，主要涉及以下内容：

（1）会计软件的选择与开发、实施全过程。选择和采购适合单位需求的会计软件，组织和管理涵盖开发、安装部署、配置和测试、运行维护等环节的全过程，确保软件系统符合单位需求。

（2）会计相关数据管理与安全。制定数据管理制度，建立数据备份和恢复机制，完善相关权限机制，实施数据加密和访问控制，确保会计数据的准确性、完整性和安全性。

（3）会计信息系统内部控制与审计。制定和完善适应信息化环境的内部控制管理制度，定期进行内部审计，确保信息化系统的合规性和有效性。

（4）人员培训与知识更新。持续加强会计人员的信息技术培训，提高会计人员的信息化素质和业务能力，确保会计人员能够熟练使用会计软件，并适应信息化环境的变化。

（5）法规遵从与风险管理。关注与会计信息化相关的法规政策，确保在推进会计信息化建设过程中遵守相关法律法规，并建立风险管理机制，识别并应对会计信息化建设过程中可能出现的风险和问题。

第十二条 单位应当注重会计信息系统与单位运营环境的匹配，通过会计信息化推动管理模式、组织架构、业务流程的优化与革新，建立健全适应数字经济发展要求的会计信息化工作体系。

【释义】本条说明了会计信息系统和单位运营环境之间的关系，对建立健全会计信息化工作体系提出原则要求。

单位在实施会计信息化的过程中，必须将会计信息系统与自身的业务特点、组织架构、管理需求及外部经营环境紧密结合，避免技术工具与实务场景脱节。通过需求分析、流程诊断等方式，确保系统功能设计既能满足当前会计核算要

求,又能动态适配业务规模扩展、管理模式变革等发展需要。重点需要实现以下三个方面的优化与革新:

(1) 管理模式创新。利用信息化手段打破部门数据壁垒,实现财务与业务数据的实时联动,支撑管理决策科学化。

(2) 组织架构适配。根据系统运行需求调整岗位职责与协作机制(如设立数据管理岗、优化审批层级),提升组织运行效率。

(3) 业务流程重构。通过自动化、智能化技术(如 RPA、智能稽核等)简化冗余环节,降低人为操作风险,提高流程标准化水平。

第十三条 单位应当在遵循国家统一的会计制度的基础上,加强会计标准化建设,结合单位实际业务场景和管理需求,制定统一的会计核算科目体系、核算流程、财务主数据及会计报表等一系列业务标准,并建立健全内部技术标准和数据标准体系,消除数据孤岛,促进数据利用。

鼓励行业主管部门、大型企业及企业集团对所属单位统一开展会计标准化建设。

【释义】 本条对会计信息化标准化建设提出相关要求。

会计标准化建设是单位会计信息化建设的基础和重要内容。会计标准化建设既涉及会计科目体系、会计核算流程、财务主数据及会计报表等业务标准,也涉及技术标准及数据标准。

1. 制定业务标准

主要包括以下内容:

(1) 统一会计科目体系。统一会计科目体系是指在会计工作中,为了实现数据的一致性和可比性,规范不同单位在会计核算时所使用的科目及其分类方法。统一的会计科目体系有利于财务报告的编制、审计参与,以及跨行业、跨地区的财务信息对比分析。单位应当根据国家统一的会计制度,结合其实际业务场景和管理需求,制定统一的会计科目体系。

(2) 规范会计核算流程。会计核算流程是指在会计核算过程中,按照相关法律法规、会计准则和内部控制制度,系统性地进行会计确认、计量、记录和报告的步骤和程序。规范的会计核算流程可以确保会计数据的准确性、完整性和合规性,提升会计工作的效率和效果。

(3) 统一财务主数据管理。财务主数据是描述单位核心财务业务实体(如会计科目、银行账户、往来单位、资产和物料等)的基础数据,具有全局性、共享性和稳定性特征，用于支撑会计核算、预算、风险控制等核心流程。与主数据对应的是交易数据，交易数据记录每次交易活动，并引用主数据。若缺乏统一的财务主数据管理，可能导致销售与财务部门对相同客户、产品的编码和命名不一致，引发业财协作困扰，降低工作效率，影响数据准确性。因此，统一的财务主数据管理对于部门协作、效率提升及数据准确性至关重要。

（4）规范会计报表编制。会计报表编制是指根据会计核算结果，按照国家统一的会计制度和法律法规的要求，将单位的财务数据整理、处理、总结并形成标准化的财务报告的过程。会计报表编制的规范化不仅有助于提升单位内部的管理和决策效率，也对外部利益相关者的理解和评价起到了积极的促进作用。

2. 建立健全内部技术标准和数据标准体系

技术标准用于协调统一各类技术事项，包括信息化工作流程和方法的标准，如系统技术路线、编码测试流程等；信息化建设成果度量的标准，如性能、环境兼容性、安全等级等。数据标准则涉及数据编码、名称、质量评价等。健全的技术和数据标准体系是会计信息化建设成功的有力保障，有助于支撑数据处理标准化、消除数据孤岛现象、促进数据的高效利用。

单位应当在遵循国家统一的会计制度的基础上，结合单位实际业务场景和管理需求开展会计标准化建设。对于地域分布广、分支机构及核算层级众多的部门、大型企业或集团，统一会计标准化建设尤为重要。因此，本条第二款规定，鼓励行业主管部门、大型企业及企业集团对所属单位统一开展会计标准化建设。

第十四条 单位建设配备会计信息系统，应当根据管理要求、技术力量以及业务需求，考虑系统功能、安全性、可靠性、开放性、可扩展性等要求，合理选择购买、定制开发、购买与定制开发相结合、租用等方式。

定制开发包括单位自行开发、委托外部单位开发、与外部单位联合开发。

【释义】本条明确了单位配备会计信息系统的主要方式，并提示单位进行会计信息系统配备方式决策时应当考虑的因素。

单位建设配备会计信息系统的方式主要包括购买、定制开发、购买与定制开发相结合、租用等。其中，租用方式主要包括云服务订阅、私有化部署租用、模块化定制租用等。中小型企业或标准化需求较高的单位，通过公有云平台直接订阅服务，按需付费，不需要本地部署硬件资源。

单位需结合规模、业务复杂度和技术能力选择适配的会计信息系统配备方式。通常情况下，成本是单位决策的重要因素，但也需考虑系统功能、安全性、可靠性、开放性、可扩展性等因素。单位应当充分评估自身技术力量及外部开发单位能否有效满足上述各项要求。

第十五条 单位通过委托外部单位开发、购买或者租用等方式配备会计信息系统，应当在有关合同中约定服务内容、服务质量、服务时效、数据安全等权利和责任事项。

【释义】本条对会计信息化建设中的合同管理提出原则性要求。

会计信息系统不同于一般商品软件，要保障系统的正常使用及会计工作的持续开展，相关服务不可缺少。对数据安全责任的承诺，也是供应商服务的重要部分。部分单位由于经验不足可能在购买产品时忽略相关服务问题，应在签订合同时对相关事项予以规定。

第十六条 会计信息系统业务流程设计、业务规则制定应当科学合理。鼓励实现业务流程、业务规则配置操作可视化。

会计信息系统应当设定经办、审核、审批等必要的审签程序。系统自动执行的业务流程应当可查询、可校验、可追溯。

【释义】本条对会计信息系统业务流程设计和业务规则制定提出相关要求。

会计信息系统是现代财务管理的重要组成部分，其业务流程设计和业务规则制定对于提高财务管理效率和确保会计信息质量至关重要。业务流程设计应基于实际业务需求，确保逻辑清晰、操作简便，并与单位的财务管理目标相一致。业务规则制定应科学合理，确保会计处理的规范性、合规性和一致性。

会计信息系统执行的流程和规则实现可视、可读。通过图形化界面或配置工具，使业务流程和业务规则的设置、调整更加直观和易于操作。这不仅有助于降低技术门槛，还有助于减少操作错误，进一步提升财务工作的效率和准确性。

会计信息系统流程中应当设定经办、审核、审批等必要的审签程序，系统自动执行的业务流程（如自动记账、报表生成等）应当可查询、可校验、可追溯，以确保财务活动的合规性和透明度。可查询，即用户能够随时查看系统自动执行的操作记录和结果；可校验，即系统应提供校验机制，确保自动处理的数据准确无误；可追溯，即所有自动执行的流程应保留完整的操作日志，便于审计和问题追踪。

第十七条 对于会计信息系统自动生成且具有明晰审核规则的会计凭证，可以将审核规则嵌入会计信息系统，由系统自动审核。未经自动审核的会计凭证，应当先经人工审核再进行后续处理。

系统自动审核的规则应当可查询、可校验、可追溯，其设立与变更应当履行审签程序，严格管理，留档备查。

【释义】本条对会计信息系统审核规则进行了规定。

允许计算机自动审核凭证，是《工作规范》适应信息化时代要求的体现。采用自动审核，要把握好两项前提：一是应满足《会计档案管理办法》第八条有关电子会计凭证的相关规定，确保相关凭证（包括原始凭证和记账凭证）是会计信息系统自动生成的凭证，凭证的形成过程与结果不被人工干预。二是要有明晰的审核规则。"明晰"，一般是指有量化的指标，便于通过信息比较作出准确判断。对于自动生成的凭证，原始数据产生的过程往往伴随着审核和控制，若数据传递和转换中没有新的风险，则可以视同已自动审核。

随着信息技术的发展，单位不同业务系统的集成使得数据可以直接推送给会计信息系统，根据既定规则生成记账凭证并自动记账，提高会计核算的及时性和系统间数据的一致性。机制凭证的生成规则是在会计信息系统中预先设置的，生成规则的设立与变更对规则生效期内所有同类经济活动的账务处理结果具有重大影响。因此，机制凭证的系统自动审核规则的设立及变更应当履行严格的审签程序，以保障账务处理的准确性和一致性。同时，规则的设立和变更记录应留档备查，便于后续管理和审计。

第十八条 单位应当遵循内部控制规范体系要求，运用技术手段加强对会计信息系统规划、设计、开发、运行、维护全过程的控制，并将控制流程和控制规则嵌入会计信息系统，实现对违反控制要求情况的自动防范和监控预警。

【释义】本条对单位会计信息系统内部控制提出了相关要求，是与内部控制规范体系的衔接条款。

会计信息系统不仅是内部控制手段，同时也是内部控制的对象。单位对会计信息系统建设应用周期的每个环节都要进行有效的控制，才能保证系统中融入的控制功能正确地发挥作用。具体而言，在规划阶段，应当明确系统建设目标，结合单位实际需求和管理要求，制定科学合理的规划方案；在设计阶段，应当确保系统设计符合内部控制要求，合理设置权限、流程和规则；在开发阶段，应当严格按照设计要求和内部控制规范进行开发，确保系统功能与内控目标一致；在运行阶段，应当做到实时监控系统状态，确保其稳定运行并符合内控要求；在维护阶段，应当定期对系统进行维护和升级，及时修复漏洞，确保系统的安全性和可靠性。

此外，还应当将内部控制的具体流程和规则嵌入会计信息系统中，通过技术手段实现自动化控制。系统应当具备操作日志、异常交易报告、权限管理、数据校验等功能，能够自动识别和防范违反控制要求的行为，并及时发出监控预警，确保问题能够被及时发现和处理。

关于信息系统与内部控制的具体要求，可参见《企业内部控制应用指引第18号——信息系统》《行政事业单位内部控制规范（试行）》等相关规定。

第十九条 单位建设与会计信息系统相关的业务系统，应当安排负责会计信息化工作的专门机构或者岗位参与，充分考虑会计信息系统的需求，加强内部系统协同。

单位应当促进会计信息系统与业务信息系统的一体化，通过业务的处理直接驱动会计处理，提高业务数据与会计数据的一致性，实现单位内部数据资源共享与分析利用。

【释义】 本条主要强调单位应当加强内部系统间协同，促进会计信息系统与业务信息系统的一体化有效融合。

会计是单位经营管理各方面信息汇聚的枢纽。可以说，会计信息系统是其他业务系统的重要用户，会计信息系统大量的信息数据来源于前端业务系统。因此，会计信息化专门机构或者岗位有必要向其他业务系统提出对信息数据的需求，有必要参与业务系统的建设工作。

从另一个角度看，由于会计信息系统与业务信息系统的一体化，业务直接驱动记账，信息系统建设或多或少都涉及会计职能，会计信息化专门机构或者岗位都应当参与，通过专业视角规避业务系统与会计信息系统的潜在冲突，并重点把握两个方面：一是前端系统采集或者生成的信息内容是否满足会计工作需要；二是前端系统采用的技术标准、数据标准是否与会计信息系统兼容。

会计信息化的趋势之一是强化内部协同，推动业财一体化建设。通过统一数据标准、接口标准化、流程整合等，建设统一的信息平台，实现财务数据与业务数据的实时共享和协同处理。业财一体化建设模式能够消除跨系统数据核对与调整的时间成本，减少人工操作错误与滞后性，确保业务数据（如合同金额、库存数量）与会计数据（如科目余额、报表项目）实时一致，最终实现

"业务即财务、数据即资产"的高效管理。例如，在加油站中，每次加油完成挂枪后，自动加油机就能生成油品种类、加油量、单价和总金额信息。加油站的生产管理系统收集到这些信息后传递给会计信息系统，从而触发会计信息系统生成确认收入和成本的会计分录，完成记账。整个过程几乎在加油完成的同时完成。

第二十条 单位应当根据实际情况，开展本单位会计信息系统与财政、税务、银行、供应商、客户等外部单位信息系统的互联，实现外部交易信息的集中自动处理。

提供产品或者服务的单位，具备条件的，应当向接受产品或者服务的单位交付符合电子凭证会计数据标准的电子凭证。

国家机关、事业单位等预算单位使用的会计信息系统应当按照财政预算管理一体化系统有关接口标准，实现与财政预算管理一体化系统的衔接。

鼓励单位利用现代信息技术定期核对往来款项，提高外部交易和会计信息的真实性、完整性。

【释义】本条对单位会计信息系统与外部单位信息系统的互联互通提出了相关要求。

1.会计信息系统与外部单位信息系统的互联

单位间信息系统互联，实际上是会计信息系统与业务信息系统的集成向单位外部的拓展。因此，会计信息系统与业务信息系统集成所具有的优势，单位间互联同样具备。同时，它还具有更多优势：

一是为交易及其核算的无纸化奠定了基础。通过电子信息替代纸面文件，降低交易成本，节省社会资源。

二是为单位改进客户服务、升级营销模式提供了契机。单位间互联为改进客户服务、提高竞争力提供了契机。例如，商业银行通过提供电子回单及电子对账单，帮助账户主体单位节省时间、降低资金风险，并提高财务处理效率与质量。

三是有利于交易和信息的集中处理。单位间互联通过统一端口集中处理业务和信息，减少了信息处理环节和成本，提高了效率。

四是提升往来款项核对的效率与准确性。通过现代信息技术，单位可以高频次甚至实时核对客户、供应商之间的往来款项，确保外部交易和会计信息的真实性、完整性。

具有普遍服务义务的单位，如银行、公用事业、邮政等，在单位互联中应当更为主动，开发本单位的数据服务功能和接口标准，推动行业和国家标准制定，促进社会信息化水平的提升。

2. 关于电子凭证会计数据标准

本条第二款规定，提供产品或者服务的单位，有义务向接受产品或者服务的单位交付必要的原始会计凭证，具备条件的，应当交付符合电子凭证会计数据标准的电子凭证。本规范所称的电子凭证会计数据标准，是指规范电子形式的各类会计凭证接收、验证、解析、报销、入账、归档等处理的统一规则和数据标准，反映了电子凭证承载的全部会计信息，以便单位在信息化条件下对相关业务进行会计处理。电子凭证会计数据标准的确立对于提升财务管理效率、确保数据真实性和合法性具有重要意义。

从物理形态上来看，电子凭证会计数据标准是一个电子文件包，包括模式文件和链接库等文件，用于定义元素、扩展链接角色等对象及元素间关系等。另外，电子凭证会计数据标准通常还配套以下三项说明文件：

（1）指南：作为电子凭证会计数据标准应用和实例文档解析的说明文件，可帮助电子凭证会计数据标准应用单位了解电子凭证会计数据标准的架构、内容，以及实例文档的要素和解析方式。

（2）元素清单：列举电子凭证会计数据标准的元素，用于定义和描述电子凭证披露的会计概念和业务概念，包括命名空间前缀、元素名称、元素数据类型、中文标准标签和英文标准标签，以及中文展示标签和英文展示标签。

（3）实例文档：电子凭证结构化数据的载体，包括根元素、标准引用、事实值、上下文、单位和精确度等具体内容，不仅包含了数据本身及其与数据元素之间的对应关系，也包含了与数据相关的属性信息（如数据所属时期、单位等）。

电子凭证会计数据标准体系包括：

（1）《电子凭证会计数据标准（推广应用版）》：规定了电子凭证会计数据的数据结构和元素信息，并对电子凭证报销、入账、归档过程中产生的相关会计信息和电子凭证状态信息进行了标准规范。

（2）国家标准《电子凭证入账要求》（GB/T 44554）：从国家标准层面规定了不同类型电子凭证入账的总体要求、信息项要求、结构化数据文件要求、数据元素等。

（3）《电子凭证会计数据标准应用指南》：从总体流程、常用电子凭证具体处理流程等方面对电子凭证相关处理流程进行介绍。

3. 预算单位会计信息系统的衔接要求

近年来，国家有序推进政府机关、行政事业等预算单位进行会计信息化建设，将预决算编制、预算执行、会计核算等环节深度融合至系统建设中，并出台了预算管理一体化的有关规范。此类单位的会计信息系统应当按照财政预算管理一体化系统有关接口标准，实现与财政预算管理一体化系统的衔接，提高会计核算质量与效率，提升单位会计信息化水平。

第二十一条 鼓励单位积极探索大数据、人工智能、移动互联网、云计算、物联网、区块链等现代信息技术在会计领域的应用，提升会计信息化水平。

【释义】本条根据《会计法》相关规定对单位会计信息化工作提出原则性要求。

《会计法》第八条第三款规定，国家加强会计信息化建设，鼓励依法采用现代信息技术开展会计工作。由于不同单位所处的会计信息化发展水平不同，《会计法》对单位采用现代信息技术开展会计工作作出鼓励性规定。鼓励单位积极探索现代信息技术在会计领域的应用，包括但不限于以下方面：

（1）大数据：通过分析海量数据，挖掘有价值的信息，帮助单位更好地进行财务预测、风险管理和决策支持。

（2）人工智能（AI）：利用人工智能技术实现自动化账务处理、智能报表生成、异常交易识别等功能，提高会计工作的效率和准确性。

（3）移动互联网：通过移动设备实现随时随地的财务数据访问和处理，提升会计工作的灵活性和响应速度。

（4）云计算：借助云平台实现会计数据的集中存储和共享，降低硬件成本，提高数据安全性和可访问性。

（5）物联网：通过物联网设备实时采集业务数据，并与会计信息系统无缝对接，实现业务与财务的深度融合。

（6）区块链：利用区块链技术的去中心化、不可篡改和可追溯特性，提升财务数据的透明度和可信度，在电子凭证、合同管理和审计领域具有重要应用价值。

鼓励单位在会计领域应用现代信息技术，旨在全面提升会计信息的质量与处理效率，加速会计工作流程的智能化与自动化。通过这一举措，可以进一步规范会计核算和财务管理流程，确保财务数据的真实性与可靠性；可以显著增强会计工作的精准度与响应速度，优化决策支持，促进会计行业向更高层次的数字化转型。通过技术创新，单位可以更好地适应数字化经济时代的需求，增强竞争力，并为未来的财务管理和业务发展奠定坚实基础。

第二十二条　具备条件的单位应当利用信息技术促进会计工作的集约化、自动化、智能化，构建和优化财务共享服务、预算管理一体化、云服务等工作模式。

【释义】本条对信息技术环境下单位会计工作的模式进行了原则性规定。

从会计工作的集约化、自动化、智能化目标出发，本条规定具备条件的单位应当利用信息技术，构建和优化财务共享服务、预算管理一体化、云服务等新的工作模式，是对当前国内有关部门和单位利用现代信息技术创新会计工作模式经验的总结和推广。

1. 信息技术的应用目标

（1）集约化：将分散的会计资源和业务流程进行整合，集中管理和处理，提高资源利用效率，降低运营成本。

（2）自动化：利用技术手段替代传统的人工操作，实现账务处理、报表生成、数据分析等工作的自动化，减少人为错误，提高工作效率。

（3）智能化：通过人工智能、机器学习等技术，实现智能财务分析、风险预警、决策支持等功能，提升会计工作的精准性和前瞻性。

2. 创新会计工作模式的构建与优化

（1）财务共享服务：通过建立财务共享中心，将分散在不同部门或地区的会计和财务业务集中处理，实现标准化、规模化的财务管理，有效提高效率并降低成本。

（2）预算管理一体化：覆盖预算编制、预算执行、会计核算、资产管理、决算和报告等预算管理全流程，通过信息技术实现预算管理的全程化和动态化，提升预算管理的科学性和有效性。

（3）云服务：利用云计算技术将会计数据和系统部署在云端，实现数据集中存储、实时共享和高效处理，降低硬件投入和维护成本。

需要说明的是，本条对创新会计工作模式的构建和优化不是强制要求所有单位，而是强调"具备条件的单位"，这与本章第八条要求的"因地制宜"推动会计信息化建设是一致的。目前，对于分公司、子公司数量多、分布广的大型企业、企业集团,已经普遍建立了财务共享中心;对于广大预算单位,已经按照财政部门的要求实施了预算管理一体化;对于很多中小企业,已经通过公有云平台订阅服务。通过技术创新和模式优化,单位可以实现会计工作的高效化、标准化和智能化,提升财务管理水平,为单位的可持续发展提供有力支撑。

第三章　会计数据处理和应用

第二十三条 单位应当遵循国家统一的会计数据标准，保证会计信息系统输入、处理、输出等各环节的会计数据质量和可用性，夯实会计数据处理和应用基础。

【释义】 本条对会计数据处理和应用应遵循的标准和要求进行了原则性规定。

单位在会计信息系统的设计和运行中，必须严格遵守国家统一的会计数据标准。这些标准包括数据格式、编码规则、数据接口规范等，旨在确保会计数据的一致性、规范性和可交换性。遵循统一标准有助于实现不同系统之间的数据互通，避免数据孤岛，提升数据的整体利用效率。

近年来，财政部结合国内外会计行业发展经验及我国会计数字化转型需要，先后制定了会计信息化系列标准，并持续推动标准的落地实施与试点应用工作。一是制定发布可扩展商业报告语言（XBRL）技术规范国家标准。2010年，财政部会同国家标准委发布了《可扩展商业报告语言（XBRL）技术规范》（GB/T 25500-2010）系列国家标准，为构建会计信息化标准体系奠定了基础。二是制定实施企业会计准则通用分类标准。2010年以来，财政部制定发布了《企业会计准则通用分类标准》和相关行业扩展分类标准，积极推动有关行业和地方企业开展XBRL财务报告试点。在国资监管领域，会同国务院国资委制定了财务监管报表扩展分类标准，组织部分中央企业按照分类标准报送年度财务报告，提升了中央企业财务管理信息化水平。在海关监管领域，会同海关总署推广实施海关专用缴款书扩展分类标准，实现了通关单证全流程线上办理。三是开展电子凭证会计数据标准试点。2022年以来，财政部会同税务总局、人民银行等9部门，选取使用频次高、报销数量大、社会关注广的增值税电子发票、全面数字化的电子发票（含铁路电子客票、航空运输电子客票行程单）、银行电子回单、国库集中支付电子凭证等共 10 类电子凭证，起草电子凭证会计数据标准并在全国范围内开展试点工作，用统一的会计数据标准打通电子凭证全流程无纸化处理"最后一公里"。四是联合金融监管总局建设数字函证平台。截至 2025 年 1 月，平台已上线银行、财务公司、会计师事务所等机构共计 700 余家，累计共接收处理银行函证约 148.6 万份，推进了银行函证规范化、集约化、数字化。五是探索开展小微企业增信会计数据标准试点。2023 年以来，财政部选择湖北、山西等 9 省市开展小微企业增信会计数据标准试点，以数据增信替代抵押担保等传统增信模式，助力中小微企业破解融资难、融资贵问题。

此外，本条还提出了应重点从以下环节保证会计数据质量和可用性：输入环节，要确保数据来源的准确性和完整性，避免错误或遗漏的数据进入系统；处理环节，要确保在数据加工、计算和分析过程中逻辑正确、方法规范，避免数据处理错误；输出环节，要确保生成的报表、凭证等输出数据的准确性和规范性，满足内部管理和外部监管的要求。

第二十四条 单位应当建立安全便捷的电子原始凭证获取渠道。鼓励单位通过数据交换、数据集成等方式，实现电子原始凭证等会计数据的自动采集和接收。

【释义】 本条对电子原始凭证的获取方式提出了相关要求。

单位应当建立安全便捷的电子原始凭证获取渠道。安全性是指采用加密技术、身份验证等手段，防止数据泄露、篡改或丢失，确保电子凭证的真实性和完整性。便捷性是指通过优化系统设计和流程，使电子凭证的获取和使用更加高效、便捷，减少人工操作和等待时间。

通过数据交换和数据集成的方式自动采集和接收电子原始凭证，是现代财务会计工作中实现高效、自动化处理的重要手段。

1. 数据交换方式

数据交换主要是指与外部单位（如供应商、客户、银行、税务部门等）建立数据交换机制，实现电子凭证的实时传输和共享。具体示例和应用场景如下：

（1）电子发票的自动采集与接收。单位与供应商之间的交易中，电子发票通过电子发票服务平台等平台自动传输到企业的会计信息系统。通过自动采集与接收，提高交易效率，减少数据输入错误，降低成本。

（2）银行对账单与会计信息系统的数据交换。单位会计信息系统与外部银行系统之间的数据交换，银行通过电子对账单将每日交易数据发送至单位会计信息系统，自动生成银行对账记录，可以减少人工对账工作量，提高对账效率和准确性。

2.数据集成方式

数据集成是指将会计信息系统与业务系统、外部单位相关信息系统等进行集成，实现电子凭证的自动采集和接收，减少人工干预，提高数据处理的效率和准确性。具体示例和应用场景如下：

（1）ERP系统与会计信息系统的集成。通过数据集成平台或中间件，将ERP系统（涵盖采购、生产、销售等业务流程）中的采购订单、销售发票等电子原始凭证自动采集并传输到会计信息系统中，与会计信息系统进行数据集成，实现业务流程与财务流程的自动化衔接，提高数据的一致性和准确性。

（2）电子凭证库系统。搭建电子凭证库系统，作为统一的电子凭证信息仓库与管理平台。通过该系统，可以自动采集来自不同业务系统的电子原始凭证，并进行分类存储、状态管理等操作，实现电子凭证的集约化、无纸化和数字化管理，提高会计信息的质量和效率。

建立电子原始凭证的自动采集和接收机制，是单位会计信息化和数字化转型的重要组成部分。通过技术手段的应用，单位能够更好地适应数字化经济时代的需求，提升财务管理水平。

第二十五条 单位处理和应用电子会计凭证，应当保证电子会计凭证的接收、生成、传输、存储等各环节安全可靠。

单位应当通过完善会计信息系统功能、建立比对机制等方式，对接收的电子原始凭证等会计数据进行验证，确保其来源合法、真实，对电子原始凭证的任何篡改能够被发现，并设置必要的程序防止其重复入账。

【释义】 本条对会计数据的验证机制及安全可靠性提出相关要求。

《会计法》第十三条规定，"会计凭证、会计账簿、财务会计报告和其他会计资料，必须符合国家统一的会计制度的规定。使用电子计算机进行会计核算的，其软件及其生成的会计凭证、会计账簿、财务会计报告和其他会计资料，也必须符合国家统一的会计制度的规定。任何单位和个人不得伪造、变造会计凭证、会计账簿及其他会计资料，不得提供虚假的财务会计报告"。第十四条规定，"会计机构、会计人员必须按照国家统一的会计制度的规定对原始凭证进行审核，对不真实、不合法的原始凭证有权不予接受，并向单位负责人报告；对记载不准确、不完整的原始凭证予以退回，并要求按照国家统一的会计制度的规定更正、补充"。

在电子会计凭证的全生命周期，从开具、接收、验证、解析、报销、入账、归档等环节，保证其来源合法、真实，以及处理和应用的安全可靠、未被篡改、未重复入账，是对会计基础工作的基本要求。因此，在会计信息系统接收环节进行电子会计凭证的验证是必要的。

目前，电子会计凭证验证主要有验真和验签两种方式。比如，对于各类电子发票，可通过"电子发票服务平台"或"全国增值税发票查验平台"等方式进行查验。对于财政电子票据，可通过"全国财政电子票据查验平台"或者开票方所在地财政电子票据查验平台进行在线查验。对于数电发票（铁路电子客票、航空运输电子客票行程单）、电子非税收入一般缴款书、银行电子回单和银行电子对账单等电子会计凭证，财政部会同相关业务主管部门提供了验签工具包。工具包是一套技术插件，可直接集成至单位现有信息系统，旨在支持各单位高效率、低成本地完成电子凭证的全流程标准化处理。其中，基础工具包提供了对常用电子会计凭证的结构化数据解析和入账信息结构化数据文件生成的功能；个性化工具包由相关技术服务商开发，具备电子凭证的解析、验签、入账信息结构化数据文件生成等功能。单位可根据自身系统的技术架构和业务实际，按需选择基础工具包或个性化工具包进行使用。单位可利用已配置工具包的会计信息系统，按照电子凭证会计数据标准及相关技术规范，对接收的电子会计凭证在后台完成自动验签。电子会计凭证验证需要单位会计信息系统不断完善系统功能、建立安全可靠的比对机制，进一步提高验证的安全性、便捷性和高效性，确保电子会计凭证的处理符合相关法律法规的要求。

此外，单位应设置必要的程序，防止电子会计凭证被重复入账。例如，系统应对每笔交易或凭证进行唯一性标识和校验，避免重复处理。

第二十六条 单位会计信息系统应当能够准确、完整、有效地读取或者解析电子原始凭证及其元数据，按照国家统一的会计制度的规定开展会计核算，生成会计凭证、会计账簿、财务会计报告等会计资料。

单位会计信息系统应当适配电子凭证会计数据标准，具备处理符合标准的电子会计凭证的能力，并生成符合标准的入账信息结构化数据文件。

对于财务会计报告按规定须经注册会计师审计的单位，鼓励其会计信息系统适配注册会计师审计数据标准。

【释义】本条对会计数据处理提出了相关要求。

根据《会计法》第十三条、第十四条的有关规定，要保证会计信息系统及其生成的会计凭证、会计账簿、财务会计报告和其他会计资料符合国家统一的会计制度的规定，除必须对电子原始凭证进行数据验证，确保其合法、真实外，还必须要求准确、完整、有效地读取或者解析电子原始凭证及其元数据。

随着电子凭证会计数据标准在全国范围推广应用，单位要充分评估本单位性质、规模、会计信息化水平等方面因素，结合本单位会计信息化发展规划，在具备条件的情况下进行会计信息系统适配改造，以处理符合标准的电子会计凭证，推进电子凭证会计数据标准在本单位的应用。

理解本条内容，主要把握好以下重要概念：

1. 元数据

元数据是定义和描述其他数据的数据，用于解释、管理或定位其他数据。例如，在电子会计凭证的语境下，数据元素 TotalTax-includedAmount 的事实值 300.00，是数据；元素 TotalTax-includedAmount 的中文名称、数据类型、小数点位数等方面的管理性描述对象，是元数据。

2. 适配电子凭证会计数据标准

会计信息系统适配电子凭证会计数据标准，是指会计信息系统在设计和功能上需要符合电子凭证会计数据标准的要求，以确保能够正确处理和应用电子会计凭证。主要包括以下方面：

（1）会计信息系统需要具备处理电子会计凭证的能力。这要求系统能够支持电子会计凭证的接收、验证、解析、报销、入账等全流程处理，确保电子凭证在系统中的流转和处理符合会计数据标准的规定。

（2）会计信息系统需要生成符合电子凭证会计数据标准的入账信息结构化数据文件。这意味着系统能够将电子会计凭证中的会计信息提取并转化为结构化数据文件，以便于后续的会计处理和分析。

（3）会计信息系统在数据安全、法律效力等方面符合要求。系统需要确保电子会计凭证在传输、存储和处理过程中的安全性，防止数据被篡改或泄露。

3. 入账信息结构化数据文件

入账信息结构化数据文件的规范要求详见国家标准《电子凭证入账要求》《电子凭证会计数据标准（推广应用版）》《电子凭证会计数据标准应用指南》等。

单位运用入账信息结构化数据文件，可以显著提高数据处理效率、增强数据准确性、支持实时决策，便于数据集成与共享，以及促进自动化与智能化。

（1）提高数据处理效率。结构化数据具有明确的格式和组织方式，使得数据的存储、提取和处理变得更加高效。单位可以快速地访问、检索和分析这些数据，从而节省时间并提高工作效率。

（2）便于数据集成与共享。结构化数据易于在不同系统之间进行交换和集成，有助于单位实现跨部门的数据共享与协同。通过整合来自不同部门的数据，单位可以获得更全面的业务视图，进而优化资源配置和业务流程。

（3）促进自动化与智能化。随着人工智能和机器学习技术的发展，结构化数据为自动化决策和智能分析提供了基础。单位可以利用这些技术对数据进行深入挖掘和分析，发现隐藏的趋势和模式，为业务创新和发展提供动力。

4. 适配注册会计师审计数据标准

中国注册会计师协会制定发布的注册会计师审计数据标准，旨在提升数字化审计环境下数据的可获取、可交互和可使用能力，降低审计数据采集成本、提高审计质量和效率。单位会计信息系统或会计软件适配该标准后，可打通会计、审计全链条，实现数据统一衔接，助力财会监督工作的开展。此举可从源头解决审计数据获取难、成本高的问题，提升数据交互效率，防范财务造假，提高会计信息质量，助力经济社会高质量发展。

第二十七条 单位以电子会计凭证的纸质打印件作为报销、入账、归档依据的，必须同时保存打印该纸质件的电子会计凭证原文件，并建立纸质会计凭证与其对应电子文件的检索关系。

【释义】 本条对电子会计凭证纸质化处理提出了相关要求。

目前在实务中，仅将电子会计凭证的纸质打印件作为单位报销、入账、归档的唯一依据的现象依然存在，该处理方式并不规范。由于电子会计凭证的纸质打印件具有易篡改、易复制且难察觉等特点，增加了会计人员查验会计凭证的难度，一旦单位或个人重复报销、虚假入账、篡改信息，出现财务造假、偷逃税款等行为，在实际工作中难以发现，会严重干扰和影响单位正常会计工作秩序，也会造成大量珍贵的电子档案资源的流失。因此，财政部、国家档案局在2020年联合制定发布的《财政部 国家档案局关于规范电子会计凭证报销入账归档的通知》（财会〔2020〕6号）中，明确要求单位以电子会计凭证的纸质打印件作为报销入账归档依据的，必须同时保存打印该纸质件的电子会计凭证。

考虑到打印该纸质件的电子会计凭证才是具有法律效力的会计凭证原文件，本条规定，除应当妥善保管电子文件外，还必须建立纸质会计凭证与其对应电子文件的检索关系。实务中，可通过二维码技术、数据库关联技术等方式将纸质会计凭证和电子文件相关联，使得用户可以通过一种文件快速定位和查找对应的另一种文件。以数据库关联技术为例，可以分别建立纸质会计凭证和电子文件数据库记录，并在两个数据库记录之间建立关联关系。例如，可以在纸质会计凭证的数据库记录中存储一个指向对应电子文件数据库记录的指针或链接。当用户查询纸质会计凭证时，系统可以自动根据关联关系找到对应的电子文件。通过建立检索关系，可以极大地提高会计档案的检索效率和准确性，确保数据的可追溯性，降低档案管理人员的工作强度，也有助于保障会计档案的安全性和完整性。如果没有建立清晰的对应检索关系，有可能对会计数据的处理和应用，包括内部和外部的财会监督，带来不必要的困难和麻烦，会计数据的应用价值将会大打折扣。

第二十八条 单位以纸质会计凭证的电子影像文件作为报销、入账、归档依据的，必须同时保存纸质会计凭证，并建立电子影像文件与其对应纸质会计凭证的检索关系。

【释义】本条对纸质会计凭证电子化处理提出了相关要求。

纸质会计凭证的电子影像文件，并不是本规范所称的电子会计凭证。纸质会计凭证的电子影像文件与电子会计凭证的纸质打印件类似，具有易篡改、易复制且难察觉等特点，因此，不能仅以纸质会计凭证的电子影像文件作为报销、入账、归档的唯一依据，必须同时保存纸质会计凭证，并建立电子影像文件与其对应纸质会计凭证的检索关系，以待备查。

第二十九条 具备条件的单位应当推动电子会计凭证接收、生成、传输、存储、归档等各环节全流程无纸化、自动化处理。

【释义】本条对电子会计凭证全流程处理提出了要求。

相比纸质会计凭证，电子会计凭证具有防篡改、可追溯、更安全且处理流转速度更快等特点，能极大地提升经济社会运行效率和质量。但是，考虑到纸质会计凭证和电子会计凭证仍将在未来一定时间内并存应用和处理，结合第二十七条和第二十八条的规定，本条款提出单位应当根据自身会计信息化水平，在具体条件允许的情况下积极推进电子会计凭证全面应用，尽可能降低电子会计凭证纸质化处理或纸电混合并用的情况，从而降低由此带来的成本和系统复杂度的增加。

电子会计凭证的全流程无纸化、自动化处理，是数字经济和会计工作数字化转型的必然趋势，单位应顺应时代要求，在会计信息系统建设中总体规划设计，围绕接收、生成、传输、存储、归档等各环节，努力实现电子会计凭证全流程的无纸化、自动化处理。

第三十条 单位可以在权责明确、确保信息安全的情况下，将一个或者多个会计数据处理环节委托给符合要求的第三方平台进行集约化、批量化处理，以降低成本、提高效率。

鼓励第三方平台探索一站式、聚合式服务模式。

【释义】本条规定了会计数据委托处理的前提、委托处理的环节、委托处理的对象、委托处理的方式、委托处理的目的，同时明确了受托第三方服务模式的发展方向。其中，委托处理的前提是权责明确、确保信息安全；委托处理的环节，可以是一个或者多个会计数据处理环节；委托处理的对象是符合要求的第三方平台；委托处理的方式是集约化、批量化处理；委托处理的目的主要是降低成本、提高效率。受托第三方服务模式的发展方向是提供一站式、聚合式服务。

1. 关于会计数据处理环节

本条所指的会计数据处理，包括电子会计资料的形成、收集、整理、归档和电子会计档案的保管、统计、利用、鉴定、处置等环节。对于电子原始凭证而言，会计数据处理还包括开具、接收、报销、入账等环节。对于单位从外部接收的电子原始凭证而言，会计数据处理还包括验证和税务用途确认等环节。

2. 关于委托的第三方平台

本条第一款规定，单位可以在权责明确、确保信息安全的情况下，将一个或多个会计数据处理环节委托给符合要求的第三方平台进行集约化、批量化处理，以降低成本、提高效率。需要关注的是，与委托外部单位建设会计信息系统应当签署合同相似，会计数据委外处理也应当签署合同，约定服务内容、服务质量、服务时效、数据安全等权利和责任事项。

第三方平台主要是通过标准化数据对接、处理规则嵌入系统、自动化流程、定时任务等方式，实现一个或多个会计数据处理环节的集约化、批量化处理，从而降低成本、提高效率、提升质量。例如，在电子凭证会计数据标准试点过程中，典型的第三方平台包括电子凭证开具分发平台、代理记账平台、票务服务平台、政务财务服务平台四类。其中，电子凭证开具分发平台通常提供相关电子凭证开具（交付）、分发、互联互通服务；代理记账平台能够根据委托人提供的原始凭证和其他相关资料，按照国家统一的会计制度的规定进行会计核算，包括审核原始凭证、填制记账凭证、登记会计账簿、编制财务会计报告等；票务服务平台通常具备报销功能；政务财务服务平台通常具备政务服务、凭证管理、预算管理、内部控制管理、电子档案管理等功能。

3. 关于第三方服务模式

本条第二款规定，鼓励第三方平台整合资源，通过一站式、聚合式服务模式，为单位提供更加便捷、高效的服务体验。

一站式服务模式，是指将所需的所有服务、信息、步骤集中到一个平台或者流程上，以满足消费者的多样化需求，从而实现一次完整地解决事情或问题的服务方式。在单位将会计数据处理环节委托给第三方平台进行集约化、批量化处理的场景中，一站式服务意味着第三方平台通过功能集成、数据自动化、云端服务、智能化支持等方式，提供全方位、便捷、高效的服务。平台可以整合多个会计数据处理环节，形成一个完整的服务链条，单位只需在一个平台上提交相关数据和需求，即可获得从数据处理到报告生成等一系列服务。例如，代理记账公司根据企业的业务特点和需求，制定适合的会计制度和核算方法，并提供包括日常账务处理、凭证管理、账簿记录、财务报表编制、税务处理、财务咨询等在内的一站式服务。企业只需将相关财务资料交给代理记账公司，即可获得全面的财务管理服务。

聚合式服务模式，是指第三方平台将多种相关或互补的服务整合在一起，形成一个综合性的服务平台，以满足客户的多样化需求。一站式服务强调的是一个业务流程或需求链上的多个服务环节的整合，而聚合式服务更强调将不同领域或不同功能服务的整合，形成综合性服务平台。聚合式平台可能包含多种服务，如会计数据处理、税务咨询、人力资源服务等，以满足客户的多样化需求。例如，企业客户可能需要同时处理会计业务、税务咨询、人力资源管理等多个方面的需求，聚合式服务就可以提供综合性的解决方案。

第三方平台可在有关会计数据标准的支撑下，通过逐步增加会计数据处理环节、逐步扩展标准化数据对接范围、逐步增加服务客户数量等方式，探索一站式、聚合式服务模式。

第三十一条 单位应当按照国家有关电子会计档案管理的规定，建立和完善电子会计资料的形成、收集、整理、归档和电子会计档案保管、统计、利用、鉴定、处置等管理制度，采取可靠的安全防护技术和措施，保证电子会计档案在传递及存储过程中的真实性、完整性、可用性和安全性，加强电子会计资料归档和电子会计档案管理。

符合电子凭证会计数据标准的入账信息结构化数据文件应当与电子会计凭证同步归档。

【释义】本条规定了电子会计资料归档和电子会计档案管理的相关要求。

本条第一款，一是强调单位的电子会计档案管理制度要覆盖电子会计档案管理的全生命周期，包括电子会计资料的形成、收集、整理、归档和电子会计档案的保管、统计、利用、鉴定、处置等环节；二是要采取可靠的安全防护技术和措施，包括但不限于数据加密、访问控制、身份认证、数据备份、灾难恢复等技术措施，以及安全管理制度、人员培训等管理措施；三是明确电子会计档案管理的目标，即保证电子会计档案的真实性、完整性、可用性和安全性。按照《中华人民共和国档案法》（以下简称《档案法》）相关规定，真实性包括电子文件来源真实性、内容真实性；完整性包括电子文件数据总量、内容完整性、元数据或电子台账完整性；可用性包括元数据或电子台账可用性、电子文件内容可用性、电子文件软硬件环境；安全性包括归档载体安全性、电子文件病毒检测。

本条第二款明确了对符合电子凭证会计数据标准的入账信息结构化数据文件的归档要求。依据电子凭证会计数据标准，单位应当在业务对应的会计入账完成后、会计凭证归档之前，根据实际入账情况生成符合电子凭证会计数据标准的会计入账信息结构化数据文件，并按《会计档案管理办法》《财政部 国家档案局关于规范电子会计凭证报销入账归档的通知》等相关规定，将该数据文件与相关电子凭证进行归档。

第三十二条 来源可靠、程序规范、要素合规的电子会计凭证、电子会计账簿、电子财务会计报告和其他电子会计资料与纸质会计资料具有同等法律效力，可仅以电子形式接收、处理、生成和归档保存。

符合国家有关电子会计档案管理要求的电子会计档案与纸质会计档案具有同等法律效力。除法律、行政法规另有规定外，电子会计档案可不再另以纸质形式保存。

【释义】本条明确了电子会计资料的法律效力和电子档案的保存形式。

本条主要依据《档案法》《会计档案管理办法》《财政部 国家档案局关于规范电子会计凭证报销入账归档的通知》等法规制度进行规定。

（1）《档案法》第三十七条规定，电子档案应当来源可靠、程序规范、要素合规。电子档案与传统载体档案具有同等效力，可以以电子形式作为凭证使用。

（2）《会计档案管理办法》第八条规定，同时满足下列条件的，单位内部形成的属于归档范围的电子会计资料可仅以电子形式保存，形成电子会计档案：①形成的电子会计资料来源真实有效，由计算机等电子设备形成和传输；②使用的会计核算系统能够准确、完整、有效接收和读取电子会计资料，能够输出符合国家标准归档格式的会计凭证、会计账簿、财务会计报表等会计资料，设定了经办、审核、审批等必要的审签程序；③使用的电子档案管理系统能够有效接收、管理、利用电子会计档案，符合电子档案的长期保管要求，并建立了电子会计档案与相关联的其他纸质会计档案的检索关系；④采取有效措施，防止电子会计档案被篡改；⑤建立电子会计档案备份制度，能够有效防范自然灾害、意外事故和人为破坏的影响；⑥形成的电子会计资料不属于具有永久保存价值或者其他重要保存价值的会计档案。第九条规定，满足本办法第八条规定条件，单位从外部接收的电子会计资料附有符合《中华人民共和国电子签名法》（以下简称《电子签名法》）规定的电子签名的，可仅以电子形式归档保存，形成电子会计档案。

（3）《财政部 国家档案局关于规范电子会计凭证报销入账归档的通知》规定，来源合法、真实的电子会计凭证与纸质会计凭证具有同等法律效力。除法律和行政法规另有规定外，同时满足下列条件的，单位可以仅使用电子会计凭证进行报销入账归档：①接收的电子会计凭证经查验合法、真实；②电子会计凭证的传输、存储安全、可靠，对电子会计凭证的任何篡改能够及时被发现；③使用的会计核算系统能够准确、完整、有效接收和读取电子会计凭证及其元数据，能够按照国家统一的会计制度完成会计核算业务，能够按照国家档案行政管理部门规定格式输出电子会计凭证及其元数据，设定了经办、审核、审批等必要的审签程序，且能有效防止电子会计凭证重复入账；④电子会计凭证的归档及管理符合《会计档案管理办法》等要求。符合档案管理要求的电子会计档案与纸质档案具有同等法律效力。除法律、行政法规另有规定外，电子会计档案可不再另以纸质形式保存。

第三十三条 单位应当充分利用现代信息技术，推动单位业财融合和会计职能拓展，增强会计数据支撑单位提升绩效管理、风险管理、可持续发展的能力，助力单位高质量发展。

单位应当加强会计数据与其他财会监督数据汇聚融合和共享共用，推动财会监督信息化。

【释义】本条明确了会计数据的应用路径、应用目的和应用场景。

《会计改革与发展"十四五"规划纲要》指出，以数字化技术为支撑，以推动会计审计工作数字化转型为抓手，健全完善各种数据标准和安全使用规范，形成对内提升单位管理水平和风险管控能力、对外服务财政管理和宏观经济治理的会计职能拓展新格局。近年来，财政部积极推动管理会计在加速完善中国特色现代企业制度、促进企业有效实施经营战略、提高管理水平和经济效益等方面发挥积极作用。有针对性地加强内部控制规范的政策指导和监督检查，强化上市公司、国有企业、行政事业单位建立并有效实施内部控制的责任，为各类单位加强内部会计监督、有效开展风险防控、确保财务报告真实完整夯实基础。贯彻绿色发展理念，按照国家落实"碳达峰碳中和"目标的政策方针和决策部署，加强企业可持续披露准则体系建设，不断提升企业可持续发展能力。这些会计职能拓展的新领域均离不开会计信息化和会计数据的支撑。

2023年，中共中央办公厅、国务院办公厅印发的《关于进一步加强财会监督工作的意见》指出，要统筹推进财会监督信息化建设。财政部在落实该意见的相关工作方案中明确提出，要建好用好会计数据标准体系，防范和制约伪造、变造会计凭证的违法行为。单位要充分应用现代信息技术和电子凭证数据标准，将会计数据与审计、税务、财政等财会监督数据进行整合，打破数据孤岛，实现财会监督工作的数字化、网络化和智能化，提升财会监督效能。

第三十四条 鼓励单位运用各类信息技术开展会计数据治理，探索形成可扩展、可聚合、可比对的会计数据要素，丰富数据应用场景，服务价值创造。

鼓励单位以安全合规为前提，促进会计数据要素的流通使用，发挥会计数据要素在资源配置中的支撑作用，充分实现会计数据要素价值。

【释义】本条明确了会计数据要素的形成路径、应用目标和价值实现路径。

中共中央、国务院《关于构建数据基础制度 更好发挥数据要素作用的意见》明确，以维护国家数据安全、保护个人信息和商业秘密为前提，以促进数据合规高效流通使用、赋能实体经济为主线，充分实现数据要素价值、促进全体人民共享数字经济发展红利，为深化创新驱动、推动高质量发展、推进国家治理体系和治理能力现代化提供有力支撑。

会计数据要素是指在经济活动中产生、以电子或其他形式存储,并参与会计核算和财务管理过程,能够为所有者或使用者带来经济效益的数据资源。上述数据资源通常包括各种财务报表、交易记录、预算数据、成本分析、市场分析等,是企业进行财务管理、决策分析和业务运营的重要依据。会计数据要素不仅涵盖了传统的结构化数据,如数字、金额等,还可能包括半结构化和非结构化的数据,如文本报告、图像资料等,这些数据经过收集、处理、分析和应用,能够转化为有价值的信息和知识,支持优化资源和科学决策。

会计数据要素是单位数据要素的重要组成部分,并且是具有重要流通使用价值的数据要素。近年来,财政部积极推动会计数据要素流通和利用,有效发挥会计信息在服务资源配置和宏观经济管理中的作用。例如,以会计数据标准为抓手,支持各类票据电子化改革,推进企业财务报表数字化,推动企业会计信息系统数据架构趋于一致;制定实施小微企业会计数据增信标准,助力缓解小微企业融资难、融资贵问题。

会计数据要素的形成有赖于会计数据治理,需要遵循数据治理框架;会计数据要素的应用目标,要围绕应用场景,服务价值创造;会计数据要素的价值实现,可以借助单位内部应用和单位外部流通两条路径,但要以安全合规为前提。在确保数据安全合规的前提下,鼓励单位探索会计数据要素的流通与共享机制。通过建立数据确权、授权使用、安全防护等机制,促进数据在合规框架内的有序流动,发挥会计数据在资源配置中的支撑作用。通过数据治理和应用创新,将会计数据从传统的记录工具转变为重要的生产要素,推动数据资产化、价值化。

第三十五条 单位应当根据法律法规要求向会计资料使用者提供电子财务会计报告等电子会计资料。

实施企业会计准则通用分类标准的企业,应当按照有关要求向财政部门等监管部门报送可扩展商业报告语言(XBRL)财务会计报告。

【释义】本条对会计资料的电子化报送提出要求。

1. 关于会计资料报送的法律法规要求

《会计法》第三十一条规定,财政、审计、税务、金融管理等部门应当依照有关法律、行政法规规定的职责,对有关单位的会计资料实施监督检查,并出具检查结论;第二十条规定,单位向不同的会计资料使用者提供的财务会计报告，其编制依据应当一致。《中华人民共和国预算法》规范了相关单位需要报送的财政监督检查相关会计资料；《中华人民共和国审计法》《中华人民共和国注册会计师法》规范了相关单位需要提供的审计监督检查相关会计资料；《中华人民共和国税收征收管理法》规范了相关单位需要提供的税务监督检查相关会计资料；《中华人民共和国银行业监督管理法》《中华人民共和国证券法》《中华人民共和国保险法》规范了相关单位需要报送或公布的金融监督检查相关会计资料；《中华人民共和国企业国有资产法》《企业国有资产监督管理暂行条例》规范了相关单位需要提供的国有资产监督检查相关会计资料；《中华人民共和国公司法》规范了相关单位需要向股东提供查阅的相关会计资料。

数字经济环境下，会计资料使用者越来越倾向于获取和使用电子会计资料。为此，本条第一款规定，单位应当根据法律法规要求向会计资料使用者提供电子财务会计报告等电子会计资料。这一要求体现了会计信息化的趋势，旨在提高会计信息的传递效率和使用便捷性。

2. 关于可扩展商业报告语言（XBRL）财务会计报告

可扩展商业报告语言（eXtensible Business Reporting Lang-uage，XBRL）是一种新兴的电子财务报告格式，它以可扩展置标语言（eXtensible Markup Language，XML）为基础，统一了描述财务报告的语义和语法，可以解决财务报告的重复编报、重复录入等问题，实现对财务报告的自动分析和跨系统的信息交换，能有效降低会计信息生产和使用成本，深度挖掘会计信息价值，因而在全球得以广泛采用。

针对《可扩展商业报告语言技术规范》系列国家标准及《企业会计准则通用分类标准》和相关行业扩展分类标准的制定情况，可参见《工作规范》第二十三条释义。实施企业会计准则通用分类标准的企业，应当按照有关要求报送可扩展商业报告语言（XBRL）财务会计报告，以降低编制及报送成本、提升信息报送效率和质量、增强会计数据共享水平、提升监管效能。

第三十六条 单位接受外部监督检查机构依法依规查询和调阅会计资料时，对符合国家有关电子会计档案管理规定要求的电子会计资料，可仅以电子形式提供。

【释义】本条明确了满足无纸化存档条件的单位提供电子会计资料的合规性。

当外部监督检查机构（如审计部门、税务部门、财政部门等）依法依规查询和调阅会计资料时，单位可以提供符合国家电子会计档案管理规定的电子会计资料。这一规定体现了对电子会计资料法律效力的认可，符合会计信息化的发展趋势。

电子会计资料的提供方式减少了纸质资料的打印、整理和传递成本，提高了监督检查工作的效率。鼓励单位在确保电子会计资料真实性、完整性、可用性和安全性的前提下，建立完善的电子档案管理制度，定期备份数据，并配合监督检查机构的需求，共同促进会计信息化的深入发展。

第四章 会计信息化安全

第三十七条 单位会计信息化工作应当统筹安全与发展，遵循《中华人民共和国网络安全法》、《中华人民共和国数据安全法》、《中华人民共和国保守国家秘密法》等法律法规的有关规定，切实防范、控制和化解会计信息化可能产生的风险。

【释义】本条阐述了保障会计信息化安全需要遵循的基本原则、相关法律法规，以及风险防控要求，强调了统筹安全与发展的必要性。

单位在推进会计信息化的过程中，应平衡好效率提升与风险防控的关系，在充分利用信息技术提高会计工作的效率和质量的同时，确保会计信息的安全性和合规性，避免因信息化带来的潜在风险。

单位会计信息化工作必须严格遵守国家相关法律法规，包括但不限于：

（1）《中华人民共和国网络安全法》：要求单位采取技术措施和其他必要措施，保障网络免受干扰、破坏或未经授权的访问，防止数据泄露、篡改或丢失。

（2）《中华人民共和国数据安全法》：强调对数据实行分级分类保护，建立健全数据安全管理制度，确保数据的保密性、完整性和可用性。

（3）《中华人民共和国保守国家秘密法》：要求单位对涉及国家秘密的会计信息采取严格的保密措施，防止泄密事件发生。

单位应当通过技术、管理和监督的多重保障，重点防控数据泄露风险、系统安全风险、操作合规风险等，确保会计信息化的安全性和合规性，为会计工作的数字化转型提供坚实基础。

第三十八条 单位应当加强会计数据安全风险防范，采取数据加密传输技术等有效措施，保证会计数据处理与应用的安全合规，避免会计数据在生成、传输、处理、存储等环节的泄露、篡改及损毁风险。

单位应当对电子会计资料进行备份，规定备份信息的备份方式、备份频率、存储介质、保存期等，确保会计资料的安全、完整和可用。

鼓励单位结合内部数据管理要求建立会计数据安全分类分级管理体系，加强对重要数据和核心数据的保护。

【释义】 本条明确了会计信息化工作中的数据安全要求。

1. 会计数据安全风险防范

单位应采取有效措施，防范会计数据在生成、传输、处理、存储等环节可能面临的泄露、篡改和损毁风险，主要包括：（1）数据加密传输技术：在数据传输过程中采用SSL/TLS等加密技术，防止数据被窃取或篡改。（2）访问控制：通过身份认证、权限管理等措施，确保只有授权人员可以访问和操作会计数据。（3）安全审计：建立日志记录和审计机制，追踪数据操作行为，及时发现和处理异常情况。

2. 电子会计资料的备份管理

单位应制定完善的电子会计资料备份制度，确保数据在意外情况下能够快速恢复。

（1）备份方式：明确采用全量备份、增量备份或差异备份等方式。

（2）备份频率：根据数据的重要性和更新频率，确定合理的备份周期（如每日、每周或每月）。

（3）存储介质：选择安全可靠的存储介质（如本地服务器、云端存储或离线硬盘），并确保介质的物理安全性。

（4）保存期：根据法律法规和单位内部要求，确定备份数据的保存期限，确保数据的可追溯性。

电子会计资料备份管理的具体要求详见《电子会计档案管理规范》（DA/T 94-2022）等规范要求。

3. 会计数据安全分类分级管理

建立会计数据安全分类分级管理体系，加强对重要数据和核心数据的保护，既是成本效益原则在会计数据安全工作中的体现，也是《中华人民共和国数据安全法》对于数据分类分级保护制度相关要求在会计领域的落实，具体包括：

（1）数据分类：根据数据的性质、用途和重要性，将会计数据分为普通数据、重要数据和核心数据等类别。

（2）分级保护：对重要数据和核心数据实施更严格的安全措施，如多重加密、访问权限限制、异地备份等。

（3）内部管理要求：结合单位实际情况，制定数据分类分级管理的具体实施细则，并定期评估和优化。

例如，对外销售的产品目录定义为公开级，可以在营销平台上公开；客户信息定义为秘密级，在授权的情况下可以被访问；未公开的财务报表定义为绝密级，仅允许相关岗位人员在内部网络环境下读取。对于合同敏感信息、个人隐私信息等数据进行脱敏处理，也是数据安全保护的有效措施。

第三十九条 单位应当加强会计信息系统安全风险防范，采取有效措施保证会计信息系统持续、稳定、安全运行。

【释义】 本条明确了会计信息化工作中的系统安全要求。

一方面，会计信息系统持续、稳定、安全运行，是单位持续经营的必要保障。如果单位的会计信息系统遭受未经授权的访问、被篡改或破坏，可能导致业务中断、数据丢失等重大损失。另一方面，单位的会计信息系统只有在业务连续的情况下才能发挥其最大价值，否则可能导致会计信息的失真或损失。

业务连续性涉及以下方面：一是高可用性。确保系统在大多数时间内都是可用的，减少或消除停机时间。二是连续操作。保持业务的持续运行，支持多用户并发操作，数据实时同步。三是灾难恢复。在发生灾难或事故后，能够迅速恢复系统运行，包括数据恢复和系统重建。单位可通过预防性控制、检测性控制和纠正性控制相结合的方式，将由灾难和安全失效引起的损失，减至可接受的水平。

第四十条 单位应当按照国家网络安全等级保护制度，全面落实安全保护管理和技术要求，加强会计信息网络安全风险防范，采取有效措施保障会计信息网络安全，防范病毒木马、恶意软件、黑客攻击或者非法访问等风险。

【释义】 本条明确了会计信息化工作中的网络安全要求。

1. 网络安全等级保护制度的要求

网络安全等级保护制度是国家对关键信息基础设施实施分级保护的重要制度。单位应根据会计信息网络的重要程度，确定其安全保护等级，并按照相应等级的要求落实安全保护措施。具体包括：

（1）定级备案：根据系统的重要性和影响范围，确定会计信息网络的保护等级，并向相关部门备案。

（2）安全建设：按照等保要求，从技术和管理两个层面构建会计信息网络的安全防护体系。

（3）等级测评：定期开展网络安全等级测评，确保系统符合等保要求。

（4）整改优化：根据测评结果，及时整改安全隐患，持续优化安全防护措施。

2.会计信息网络安全风险防范的重点

单位应当针对会计信息网络可能面临的主要风险，采取有效措施进行防范，包括但不限于：

（1）病毒木马和恶意软件：部署防病毒软件和恶意软件检测工具，定期更新病毒库；限制外部设备的接入，防止通过U盘等介质传播病毒。

（2）黑客攻击：部署防火墙、入侵检测系统（IDS）和入侵防御系统（IPS），实时监控和阻断攻击行为；定期开展渗透测试，发现并修复系统漏洞。

（3）非法访问：实施严格的用户身份认证和权限管理，确保只有授权人员可以访问网络资源；采用多因素认证（MFA）技术，提高账户安全性。

（4）数据泄露：对敏感数据进行加密存储和传输，防止数据被窃取；建立数据访问日志，便于事后审计和责任追溯。

网络安全管理和风险防范，除需要在技术层面采取有效措施外，还需要完善网络安全管理制度和操作规程。单位应结合自身实际情况，制定并落实网络安全管理制度，构建完善的安全防护体系，确保会计信息网络的安全、稳定运行，为会计信息化工作提供坚实保障。

第四十一条 单位开展涉及国家秘密的会计信息化活动，应当遵循《中华人民共和国保守国家秘密法》等法律法规的有关规定。

单位不得在非涉密信息系统和设备中存储、处理和传输涉及国家秘密或者其他法律法规另有限制性规定的电子会计资料。

【释义】 本条明确了会计信息化的涉密安全工作要求。

单位在开展涉及国家秘密的会计信息化活动时，必须严格遵守《中华人民共和国保守国家秘密法》及相关法律法规的规定，具体包括：

（1）定密管理：按照国家秘密的定密标准，准确界定会计资料中涉及的国家秘密范围。

（2）保密责任：明确相关人员的保密责任，签订保密协议，定期开展保密教育。

（3）监督检查：建立保密监督检查机制，及时发现和整改泄密隐患。

单位应建立完善的保密管理制度，严格区分涉密和非涉密信息系统与设备，杜绝在非涉密环境中操作涉密信息，切实履行保密责任，维护国家秘密安全。

第四十二条 单位会计信息系统数据服务器的部署应当符合国家有关规定。如存在单位在境外设立分支机构等情形，其数据服务器部署在境外的，应当在境内保存电子会计资料备份，备份频率不得低于每月一次。境内备份的电子会计资料应当能够在境外服务器不能正常工作时，独立满足单位开展会计工作的需要以及财会监督的需要。

单位应当加强跨境会计信息安全管理，防止境内外有关机构和个人通过违法违规和不当手段获取并向境外传输会计数据。

单位的电子会计档案需要携带、寄运或者传输至境外的，应当按照国家有关规定执行。

【释义】本条明确了会计信息化工作中的跨境安全要求。

会计工作是国家经济管理工作的重要基础，单位会计资料是国家重要的经济信息资源，也是政府开展财会监督的重要依据。因此，单位应当加强跨境会计信息的安全管理，保障国家经济信息安全。

按照本条规定，每月一次的备份频率是最低限度要求。对于单位实际应当采取的备份频率及备份的会计资料范围，《工作规范》明确了备份独立性的要求，即"能够在境外服务器不能正常工作时，独立满足单位开展会计工作的需要以及财会监督的需要"，单位应当在该要求基础上明确本单位电子会计资料的备份要求。

无论单位会计信息系统数据服务器部署于何地，都应完善管理制度，综合运用访问授权、加密存储等技术手段，防止境内外有关机构和个人通过违法违规和不当手段获取并向境外传输会计数据。

需要注意的是，单位因在境外发行证券与上市等原因，需要向有关证券公司、证券服务机构和境外监管机构提供或者公开披露涉及国家秘密的电子会计资料的，应当依法报有审批权限的主管部门批准，并报同级保密行政管理部门备案；是否属于国家秘密不明确或者有争议的，应当报有关保密行政管理部门确定。需要向有关证券公司、证券服务机构和境外监管机构提供或者公开披露涉及国家安全或者重大利益的电子会计资料的，应当依法报国家档案行政管理部门批准。

第四十三条 单位开展会计信息化工作涉及处理自然人个人信息的活动，应当遵循《中华人民共和国个人信息保护法》等法律法规的有关规定。

【释义】本条明确了会计信息化工作中的个人信息保护要求。

单位在处理自然人个人信息时，应遵循以下基本原则：

（1）合法、正当、必要原则：个人信息的处理必须有明确的法律依据，且限于实现会计工作目的的最小范围。

（2）知情同意原则：在收集、使用个人信息前，应明确告知个人信息主体相关事项，并取得其同意。

（3）目的限制原则：个人信息只能用于最初声明的目的，不得超出范围使用。

（4）数据最小化原则：仅收集和处理实现会计工作目的所必需的最少个人信息。

（5）安全保障原则：采取技术和管理措施，确保个人信息的安全，防止泄露、篡改或丢失。

单位应综合利用访问授权、传输加密和存储加密等技术手段，结合相关管理制度，保证个人信息安全。单位如违反《中华人民共和国个人信息保护法》等相关法律法规，可能面临行政处罚、民事赔偿甚至刑事责任。

第四十四条 单位开展会计信息化工作涉及人工智能各类活动和生成式人工智能服务，应当遵守有关法律法规，尊重社会公德和伦理道德。

【释义】本条要求单位在会计信息化工作中，涉及人工智能服务时，应合法合规、尊重社会公德和伦理道德。

单位在应用人工智能技术和生成式人工智能服务时，需严格遵守国家相关法律法规，包括但不限于：

（1）《中华人民共和国网络安全法》：确保人工智能系统的安全性和可靠性，防止数据泄露和网络攻击。

（2）《中华人民共和国数据安全法》：对人工智能处理的数据进行分类分级保护，确保数据的安全和合规使用。

（3）《中华人民共和国个人信息保护法》：在人工智能处理自然人个人信息时，遵循合法、正当、必要等原则，保护个人信息主体的权益。

（4）人工智能相关规范：遵守国家关于人工智能技术研发、应用和管理的专门规定。

人工智能技术的应用应遵循社会公德和伦理道德，具体包括：一是公平性，即确保人工智能系统的设计和应用不会对特定群体造成歧视或不公平待遇。二是透明性，即人工智能的决策过程应尽可能透明，便于理解和监督。三是责任性，即明确人工智能系统的责任主体，确保在出现问题时能够及时追责和纠正。四是内容真实性，即生成的内容应符合事实，不得伪造或误导。五是知识产权保护，即生成的内容不得侵犯他人的知识产权。六是伦理约束，即生成的内容应符合社会公德，尊重他人合法权益，不得包含违法违规或不良信息。七是可控性，即人工智能系统的运行应在人类可控范围内，避免出现不可预测的后果。

第五章 会计信息化监督

第四十五条 县级以上地方各级人民政府财政部门采取现场检查、第三方评价等方式对单位开展会计信息化工作是否符合本规范、会计软件功能和服务规范要求的情况实施监督。对不符合要求的单位,由县级以上地方各级人民政府财政部门责令限期改正。限期不改的,县级以上地方各级人民政府财政部门应当依法予以处罚,并将有关情况通报同级相关部门。

【释义】本条规定了对单位会计信息化工作的监督和处理措施。

县级以上地方各级人民政府财政部门对单位开展会计信息化工作是否符合本规范、会计软件功能和服务规范要求,负有监督检查和处理职责。

《工作规范》对单位开展会计信息化工作各方面提出了明确要求,包括会计信息化建设、会计数据处理和应用及会计信息化安全等方面的规定。同时,第七条对单位配备的会计软件作出规定,无论该软件是外购、租用或者自行开发,单位有义务使用符合规范的软件产品。对此,财政部门可以组织现场检查或者通过第三方评价等方式,对本行政区域内单位开展会计信息化工作进行监督,也可以将单位会计信息化工作情况的监督检查与其他财会监督工作结合进行。

《工作规范》对于违规行为,主要采取依据上位法对相关违规行为予以处罚和通报相关部门。财政部门在实际执行中,要把握好自由裁量权的行使。一是整改期长短。《工作规范》对整改期未作统一要求,财政部门应当根据违规性质、整改所必须采取的措施等实际情况确定。二是通报机构的选择。一般来说通报的机构应当与所涉单位有监督管理关系,包括工商、税务、审计、国资部门、单位主管部门,以及中国人民银行、中国证监会、金融监管总局等。

财政部门在相关检查评价中,应重点关注以下内容:

1. 电子会计凭证全流程处理是否符合要求

《工作规范》第二十五条对电子会计凭证验证作出明确要求(请参见条款释

义），财政部门在检查评价时，应当关注单位接收的电子会计凭证，在入账前，是否经过验证环节，保证电子会计凭证来源合法、真实可靠和未被篡改。同时，关注单位是否在会计信息系统中设置相关程序，防止电子会计凭证重复入账。

《工作规范》第二十六条对于单位接收的符合会计数据标准的电子凭证处理作出规定（请参见条款释义），财政部门在检查评价时，应关注单位会计信息系统是否具备处理符合标准的电子会计凭证的能力，并生成符合标准的入账信息结构化数据文件。

《工作规范》第二十七条对电子会计凭证纸质处理方式作出明确要求（请参见条款释义），财政部门在检查评价时，应当关注单位如存在将电子会计凭证的纸质打印件作为报销、入账、归档依据的，是否同时保存了该纸质打印件对应的电子会计凭证原文件，并建立纸质会计凭证与其对应电子文件的检索关系。

2. 单位实行会计资料无纸化管理是否符合规定条件

根据《工作规范》第三十二条和第三十六条，在符合条件的情况下，单位可仅以电子形式归档保存电子会计凭证、电子会计账簿、电子财务会计报告等电子会计资料，而不再输出为纸面形式。财政部门应当对该单位会计资料无纸化管理是否符合规定条件进行总体评估，若发现不符合规定条件的，应要求该单位予以整改。

3. 外商投资企业会计软件是否符合规定

财政部门在检查评价中，对外商投资企业的会计信息系统应关注以下方面：一是要了解其系统和软件的来源途径和服务器部署情况；二是对于来自境外的软件，要关注其是否遵循《工作规范》《软件规范》等规定；三是对于数据服务器部署在境外的，应当核实其按规定在境内保存会计资料备份的情况。

4. 会计信息化制度和标准体系建设是否符合规范

会计信息化建设不是简单地购建会计软件并实施运维。《工作规范》对单位会计信息化顶层设计和整体规划、组织机构和岗位职责设置、业务标准、技术标准和数据标准体系等都提出了要求。财政部门在检查评价单位会计信息化情况时，要检查会计信息化支撑单位运营和决策等工作的实效；检查单位业务部门、财务部门、信息技术部门等部门的岗位设置、人员配备、职责分工衔接的制度设计合理性和执行有效性；检查执行的标准体系与规范要求的一致性，对于国家机关、事业单位等预算单位，要检查其使用的会计信息系统是否按照财政预算管理一体化系统有关接口标准，实现与财政预算管理一体化系统的衔接。

5. 内控流程规则是否有效嵌入会计信息系统

《工作规范》的第十六条至第十八条，阐述了将审签程序、审核规则、内部控制的流程和规则嵌入会计信息系统，通过信息系统强化单位内部控制的要求。财政部门在检查评价单位会计信息化情况时，不仅要检查会计核算和报表输出的真实准确性，还应检查内控流程规则是否有效嵌入会计信息系统。

6. 是否建立完善的会计信息化安全机制

《工作规范》的第三十七条至第四十四条，强调了会计信息化安全的重要性，明确了会计信息化的基本原则和相关法律法规。在会计信息化建设过程中，单位应该加强对数据风险的防范，采用合理的技术手段确保数据安全、完整、可用；要建立数据安全分类分级体系，从管理上进一步强化数据安全。在对单位会计信息化工作进行检查评价时，应把会计信息化的安全管理列为一项重要的检查评价事项，其中包括单位是否建立相关安全管理体系、明确安全岗位和职责；是否有建立数据备份、恢复机制；是否有针对性地进行了数据分类分级，并根据分类分级对不同数据的访问权限进行控制；是否合理地利用加密、防病毒、防攻击等技术手段强化抗风险能力等。

第四十六条 财政部采取组织同行评议、第三方认证、向用户单位征求意见等方式对会计软件服务商提供会计软件和相关服务遵循会计软件功能和服务规范的情况进行检查。

省、自治区、直辖市人民政府财政部门发现会计软件和相关服务不符合会计软件功能和服务规范规定的，应当将有关情况报财政部。

任何单位和个人发现会计软件和相关服务不符合会计软件功能和服务规范要求的，可以向所在地省（自治区、直辖市）人民政府财政部门反映，有关省、自治区、直辖市人民政府财政部门应当根据反映情况开展调查，并按本条第二款规定处理。

【释义】本条规定了对会计软件服务商提供的会计软件和相关服务违规情况的检查要求。

对于会计软件的管理，过去曾采取评审的方式。在行政审批制度改革中，商品化会计核算软件评审制度被取消。根据"放管服"改革的有关要求，《工作规范》对会计软件采取以监督为主的事后管理方式，体现了"宽进严管"和转变政府职能的方向。

按照本条规定，财政部可以通过省级财政部门的报告掌握会计软件违规情况，也可以采取软件业同行评议、第三方认证、征求用户单位意见及其他方式主动搜集违规线索，根据线索进行核实和重点检查。

省级财政部门发现有商品化会计软件不符合要求的，可以直接向财政部报告。省级以下财政部门及其他任何单位和个人发现问题的，应当通过省级财政部门反映。接到反映的省级财政部门应当先进行调查核实，对确实存在问题的报财政部处理。

第四十七条 会计软件服务商提供会计软件和相关服务不符合会计软件功能和服务规范要求的，财政部可以约谈该服务商主要负责人，责令限期改正。限期内未改正的，由财政部依法予以处罚，并将有关情况通报相关部门。

【释义】 本条规定了对会计软件和相关服务违规情况的处理措施。

与第四十五条对单位开展会计信息化工作违规情况的处理不同，对会计软件和相关服务违规情况的处理职责集中在财政部。地方财政部门对会计软件和相关服务有权调查，但调查结果应报财政部统一处理。

对会计软件违规情况的处理，主要采用了依据上位法予以处罚和通报的手段。财政部在处罚和通报的同时，也会通报其他监管部门在对相关软件用户单位的检查中关注相关风险。

第四十八条 财政部门及其工作人员存在违反本规范规定，以及其他滥用职权、玩忽职守、徇私舞弊等违法违规行为的，依法依规追究相应责任。

【释义】 本条规定了对财政部门及其工作人员在履行本规范过程中存在违法违规行为的责任追究。

对于财政部门及其工作人员开展的有关工作，包括对单位开展会计信息化工作的指导和监督、对会计软件服务商提供会计软件和相关服务的指导和监督等，存在违反本规范及其他违法违规行为的，依照有关法律法规的规定，追究其相应责任。

第六章　附　　则

第四十九条　省、自治区、直辖市人民政府财政部门可以根据本规范制定本行政区域内的具体实施办法。

【释义】本条明确了省级财政部门制定本地区具体实施办法的情况。

地方财政部门监督职能的发挥对于《工作规范》的实施至关重要。省级财政部门决定制定本地区具体实施办法的，应当将对单位和软件及相关服务的监督作为重点内容，制定单位会计信息化工作检查办法，对诸如检查的频率和检查对象的抽取方法、受理有关举报的方法和处理期限、确定单位整改期限的程序和方法、各类违规单位的通报对象、违规软件的调查程序要求等问题作出具体规定。省级财政部门也可以修订已有的监督管理规定，将《工作规范》涉及的内容纳入其中。

第五十条　本规范自 2025 年 1 月 1 日起施行。《会计电算化工作规范》（财会字〔1996〕17 号）、《企业会计信息化工作规范》（财会〔2013〕20 号）同时废止。

【释义】本条明确了新规范的施行日期和原规范的废止日期。

《工作规范》自 2025 年 1 月 1 日起施行，同时共废止了两项文件。《会计电算化工作规范》和《企业会计信息化工作规范》的相关规定已经纳入《工作规范》中，有关会计软件功能和服务的具体要求，在《软件规范》中另行规定。

第二部分

《会计软件基本功能和服务规范》释义

第一章 总 则

第一条 为了规范会计软件基本功能和服务，提高会计软件和相关服务质量，根据《中华人民共和国会计法》等法律、行政法规和《会计信息化工作规范》（财会〔2024〕11号）的有关规定，制定本规范。

【释义】本条明确了《软件规范》制定的宗旨和依据。

1994年，财政部制定发布了《会计核算软件基本功能规范》（财会字〔1994〕27号），对各类会计核算软件加强管理；2013年，制定发布《企业会计信息化工作规范》，对企业使用的会计软件和服务提出相关要求。上述两个规范为提高会计软件和服务质量、发挥会计职能作用提供了重要的制度保障。当前，信息技术的进步和会计职能的拓展对会计软件基本功能和服务提出了新的更高要求，需要根据新的形势和要求修订原有规范，对新时代下单位应用的会计软件的基本功能，以及服务商提供的会计软件的基本功能和服务，进行规范和指导。

第十四届全国人大常委会第十次会议表决通过的《关于修改〈中华人民共和国会计法〉的决定》，首次将会计信息化写入《会计法》，并在第八条中提出"国家加强会计信息化建设，鼓励依法采用现代信息技术开展会计工作，具体办法由国务院财政部门会同有关部门制定"。2024年财政部印发的《工作规范》对数字经济环境下单位开展会计信息化建设、处理和应用会计数据、加强会计信息化安全等提出了明确要求。上述要求都需要通过会计软件和服务来予以支撑。《工作规范》第七条规定，单位配备会计软件、会计软件服务商提供会计软件和相关服务，应当符合国家统一的会计软件功能和服务规范的规定。因此，《工作规范》是《软件规范》的制定依据之一，而《软件规范》是《工作规范》的配套制度。在实际工作中，单位应当将两个规范结合起来学习和应用。

第二条 国家机关、社会团体、公司、企业、事业单位和其他组织（以下统称单位）应用的会计软件和相关服务，会计软件服务商（含相关咨询服务机构，下同）提供的会计软件和相关服务，适用本规范。

单位在境外设立的分支机构，会计数据汇集到总部的，其应用的会计软件和相关服务，适用本规范。

【释义】本条明确了《软件规范》适用的主体和所约束的对象范围。

一方面，单位作为用户，在建设、采购和应用会计软件和服务的过程中应遵循本规范的要求（对于"单位"的理解可参见《工作规范》第二条释义）；另一方面，会计软件服务商作为会计软件和服务的供应方，在设计、研发和运维会计软件及提供相关服务的过程中应遵循本规范的要求。

此外，近年来越来越多的中国企业在境外设立了分支机构，考虑到会计数据跨境可能存在安全风险，因此，总部设在中国、在境外设有分支机构的单位，其全球范围内的会计软件也应受《软件规范》的约束，确保其境外的会计数据合法、可靠、全面、真实地集中到总部。

第三条 本规范所称会计软件，是指单位使用的专门用于会计核算、财务管理的应用软件或者其功能模块。会计软件具有以下基本功能：

（一）为会计核算、财务管理直接采集数据；

（二）生成会计凭证、账簿、报表等会计资料；

（三）对会计资料进行存储、转换、输出、分析、利用。

本规范所称会计软件服务，是指会计软件服务商提供的通用会计软件开发、个性化需求开发、软件系统部署与维护、云服务功能使用订阅、用户使用培训及相关的数据分析等服务。

本规范所称电子会计凭证，是指以电子形式生成、传输并存储的各类会计凭证，包括电子原始凭证、电子记账凭证。电子原始凭证可由单位内部生成，也可从外部接收。

【释义】本条对《软件规范》涉及的重要概念进行了界定。有关内容参见《工作规范》第三条释义。

第二章 会计软件总体要求

第四条 会计软件的设计应当符合我国法律、行政法规和部门规章的有关规定,保证会计数据合法、真实、准确、完整、安全,有利于提高会计工作效率。

【释义】本条从合法性角度对会计软件设计提出原则性要求。

会计软件和服务作为单位会计信息化工作的工具,提高会计工作效率是其功能设计的根本目标,相关的法律法规和制度规范对其提出了明确要求。例如,《会计法》为会计软件的设计与应用提供了基本法律框架,强调了会计资料的真实性与完整性;《电子签名法》为电子会计档案的法律效力提供了保障,确保电子会计资料的合法性;《中华人民共和国网络安全法》《中华人民共和国数据安全法》对会计数据的存储、传输安全提出了要求,防止数据泄露与非法篡改,保护企业商业机密与客户隐私;《工作规范》进一步细化了会计软件功能设计的具体要求,包括数据输入、处理、输出的标准化流程,以及内部控制机制的建设等,确保会计软件在提升效率的同时,也能有效维护会计工作的规范性与严谨性。

在会计软件功能设计过程中,应当遵循上述相关法律法规和制度规范的要求,保证会计数据合法、真实、准确、完整、安全。

第五条 会计软件应当保障单位按照国家统一的会计制度开展会计工作,不得有违背国家统一的会计制度的功能设计。

【释义】本条从国家统一的会计制度角度对会计软件功能设计提出原则性要求。

根据《会计法》规定,国家统一的会计制度,是指国务院财政部门根据本法制定的关于会计核算、会计监督、会计机构和会计人员及会计工作管理的制度。使用电子计算机进行会计核算的,其软件及其生成的会计凭证、会计账簿、财务会计报告和其他会计资料，也必须符合国家统一的会计制度的规定；其会计账簿的登记、更正，应当符合国家统一的会计制度的规定。

第六条 会计软件应当遵循国家统一发布的电子凭证会计数据标准，在电子凭证输入、处理和输出等环节进行适配，满足会计数据标准的要求。

【释义】本条从会计数据标准角度对会计软件提出要求。

本条与《工作规范》第二十三条、第二十六条相衔接，具体内容参见《工作规范》相关条款释义。

第七条 会计软件结构应当具备开放性，遵循国家相关技术标准规范，采用开放式体系架构，提供易于理解的标准数据接口，支持通用的数据传输协议和数据格式，便于实现与其他信息系统集成或数据交换。

【释义】本条对会计软件结构的开放性提出要求。

软件的开放性，是指通过标准化接口（如 API）、模块化设计和开放数据格式，使软件系统能够与其他组件或外部服务灵活集成、扩展和协作的特性。其目标是打破技术壁垒，支持生态互联。例如，通过会计软件的 API 与 ERP 系统对接，实现采购、销售、库存数据自动同步至会计软件。未来，随着会计数字化、智能化的发展，开放性将成为会计软件的核心竞争力之一。

会计软件研发时应采用开放式体系架构，即基于标准化接口和协议设计，能够与其他系统无缝集成，支持跨平台协作和功能扩展。其中，标准数据接口是一种通用的、规范化的数据交互协议或格式，用于在不同系统或应用程序之间传输和共享数据。如 ODBC（Open Database Connectivity）接口，是一种基于 SQL（结构化查询语言）的开放数据库连接标准，允许应用程序通过统一的 API 访问多种数据库管理系统（DBMS）。数据传输协议是计算机网络中用于规范数据传输过程的一组规则和标准，定义了数据如何在通信系统中进行封装、传输、路由和接收，确保数据能够在不同网络节点之间可靠、高效地传输。如通过 HTTPS 协议将本地会计数据上传至云端服务器。与信息系统集成是指将多个独立的信息系统整合为一个协调一致的系统，以实现资源共享、功能互补和业务协同。

第八条 会计软件功能应当具备可扩展性，满足当前及可预见时间内的业务需求，方便进行功能和会计数据标准应用的扩展。

【释义】本条对会计软件功能的可扩展性进行了规定。

软件的可扩展性,是指软件系统在不进行重大修改的情况下,能够适应不断增长的需求或功能的能力。它包括:

(1) 功能扩展:系统能够通过添加新的模块或功能来满足新的业务需求,而无需对现有代码进行大规模重构。

(2) 性能扩展:系统能够在硬件资源增加或优化后,处理更多的用户或数据量,而无需重新设计架构。

(3) 架构扩展:系统的架构设计允许在不影响现有功能的前提下,引入新的技术或组件。

可扩展性是软件架构设计中的一个重要目标,直接影响软件的长期维护成本和适应性。良好的可扩展性设计通常基于模块化、分层架构和开放接口,使系统能够灵活应对未来的变化。例如,通过插件机制为会计软件添加新的报表模板或税务计算规则等实现功能扩展。

第九条 会计软件设计应当具备灵活性,支持会计信息化业务模式、工作流程和数据等的灵活定义与部署。

【释义】本条对会计软件设计的灵活性进行了规定。

软件的灵活性,是指软件系统能够适应不同需求、环境或技术变化的能力。灵活性是软件设计的重要质量属性之一,通常通过以下方式实现:

(1) 配置化设计(configurable design):允许用户通过配置文件或界面设置调整系统行为,而无需修改源代码。

(2) 模块化架构(modular architecture):将系统划分为松耦合的模块,便于单独修改或替换。

(3) 动态适应能力(dynamic adaptability):支持运行时根据外部条件(如用户输入、系统负载)调整功能或性能。

第十条 会计软件性能应当具备稳定性,能够有效防范和消除用户误操作和恶性操作而产生系统错误甚至故障,能够通过自动或手工方式消除运行环境造成的影响,快速恢复正常运行。

【释义】本条对会计软件性能的稳定性进行了规定。

软件的稳定性,是指软件在一个运行周期内、在一定的压力条件下,软件的出错概率、性能劣化趋势等,并观察其运行环境内的应用服务器、数据库服务器等系统的稳定性。

会计数据是单位的核心数据,任何错误或崩溃都可能导致严重的财务损失或合规问题，因此会计软件的稳定性尤为重要。稳定的会计软件能够有效处理异常情况，如输入错误或系统故障，确保会计数据的安全性和准确性。

第十一条 会计软件应当具备安全性，能够及时保存会计数据处理关键业务过程记录，有效防止非授权访问，充分防御恶意攻击，保障会计数据安全。

【释义】本条对会计软件的安全性提出原则性要求。

软件的安全性，是指软件在开发、部署和运行过程中，能够有效抵御各种安全威胁，保护软件及其运行环境免受恶意攻击和意外损害的能力。软件安全涉及多个方面，《软件规范》第六章进行了具体规定，相关内容详见该章节相关条款释义。

第十二条 会计软件服务商应当积极探索现代信息技术在会计领域的应用，在会计软件的研究开发中保持技术更新迭代，积极助力会计数字化转型和会计职能作用发挥。

【释义】本条对会计软件服务商探索应用现代信息技术提出原则性要求。

《会计法》第八条明确规定，国家加强会计信息化建设，鼓励依法采用现代信息技术开展会计工作。本条是《会计法》相关规定在会计软件研究开发领域的具体化。

新的信息技术应用、平台和服务模式，均离不开软件技术作为基础支撑，只有不断深化应用现代信息技术，才能激发数据要素创新驱动潜能，加速业务优化升级和数字化创新转型。因此，会计软件服务商应当积极探索现代信息技术，在会计软件的研究开发中保持技术更新迭代，为单位提供功能更全面、技术更先进的会计软件，积极助力会计数字化转型和会计职能作用发挥。

第十三条 会计软件的界面应当优先使用中文，遵循中文编码国家标准并提供对中文处理的支持，可以同时提供外国或者少数民族文字界面对照和处理支持。

【释义】本条对会计软件应当使用的语言文字进行了规定。

《会计法》第二十二条规定："会计记录的文字应当使用中文。在民族自治地方，会计记录可以同时使用当地通用的一种民族文字。在中华人民共和国境内的外商投资企业、外国企业和其他外国组织的会计记录可以同时使用一种外国文字。"

本条规定包括两个方面的要求：一是软件界面要优先使用中文，包括软件的功能菜单、操作向导、表单格式、提示信息、帮助文件等；二是支持中文处理，支持中国国家标准的汉字编码，使汉字能在系统中正确输入、显示和打印。

第十四条 会计软件应当支持以人民币作为记账本位币进行会计核算。以人民币以外币种记账的，应当支持折算为人民币编报财务会计报告。

【释义】本条对会计软件应当支持的币种进行了规定。

《会计法》第十二条规定："会计核算以人民币为记账本位币。业务收支以人民币以外的货币为主的单位，可以选定其中一种货币作为记账本位币，但是编报的财务会计报告应当折算为人民币。"

本条规定包括两个方面的内容：一方面，会计软件的设计应当符合我国法律、行政法规和部门规章的有关规定，在核算功能上应当支持以人民币作为记账本位币进行会计核算。另一方面，会计软件应具备相应功能，对于以人民币以外币种记账的，应当支持折算为人民币编报财务会计报告。

第三章　会计数据输入

第十五条　会计软件应当具备会计数据输入功能，支持网络报文传输、文件导入和手工录入等输入方式。会计软件应具备输入数据校验功能，对于软件中已有的相关数据内容，支持对新输入会计数据与已有相关数据的准确性和一致性进行校验。

【释义】本条对会计软件数据输入功能提出了总体性要求。

会计软件应当支持的输入方式主要有：

（1）手工录入，即支持用户通过软件界面直接录入数据。该方式效率较低，但灵活性高，适用于小规模或特定情况下的数据输入，是会计软件最基础的输入方式。

（2）文件导入，即将外部文件、文本或者电子表格等（如 pdf、ofd、txt、xls、csv 等格式）文件载体通过特定方式单笔或批量传输到会计软件，是会计软件的重要输入方式。

（3）网络报文传输，即会计软件通过标准化电子格式（如 XML、JSON）接收外部系统传输的会计数据的方式，适用于结构化数据（如银行对账单、电子发票等）的自动化输入。该方式支持与业务系统、税务系统、银行系统、供应链管理系统等外部系统对接，实现会计数据的标准化交换，减少人工干预并提升效率，是会计软件的关键输入方式，也是数字化时代发展的方向。

会计软件的数据输入功能不仅要支持多样化的输入方式以满足不同用户、不同场景的需求，还要具备严格的数据校验机制，即通过一系列规则、算法或技术手段，对输入的数据进行检查，确保数据的准确性、一致性和合规性。例如，会计信息在数据格式、取值范围等方面的正确性校验，会计科目等主数据引用合法有效、总账金额与明细账金额相同、借贷平衡等的逻辑校验，以及对某些关键信息的唯一性校验，避免重复录入相同的数据。

本章第十六条至第十八条从不同角度对网络报文传输方式下会计软件的相关具体功能和要求进行了规范。

第十六条 会计软件应当支持与业务软件系统的一体化应用，确保会计数据真实、完整、安全地传输，实现电子原始凭证自动生成电子记账凭证。

【释义】本条对会计软件与业务软件系统的一体化应用提出相关要求。

在数字化时代，会计软件与单位业务软件系统集成，实现无缝对接和一体化应用，旨在确保会计数据能够自动、真实、完整和安全地传输，并实现电子原始凭证自动生成电子记账凭证，从而提高会计工作的效率和会计数据的准确性。

首先，会计软件与业务软件系统的一体化应用可以确保会计数据的真实性。通过直接从业务系统中提取数据，避免了人工录入可能带来的错误和遗漏，防止了数据在传输过程中被篡改，从而保证会计信息的准确性和可靠性。同时，支持通过验证数字签名、验证真伪等方式来检查电子原始凭证的合法性和真实性，有助于单位提升财务管理和风险防范水平。

其次，一体化应用还可以确保会计数据的完整性和安全性。在传统的会计处理方式中，由于数据分散在不同的系统和部门之间，难以保证数据的完整性和不被篡改。而一体化应用可以通过统一的数据标准和接口，实现数据的集中管理和共享，确保了数据的完整性和一致性。同时，借助先进的加密技术和安全协议，确保在数据传输和存储过程中的安全性和可靠性。

此外，在确保会计数据真实、完整、安全地传输的同时，一体化应用还可以实现电子原始凭证自动生成电子记账凭证。通过自动记账，会计软件可以确保凭证的生成符合国家统一的会计制度和电子凭证会计数据标准要求，便于后续的会计管理和审计工作。

第十七条 会计软件应当能够接收电子原始凭证等会计数据，支持通过查验电子签名等方式检查电子原始凭证的合法性、真实性。

【释义】本条对会计软件接收电子原始凭证的能力进行了规定。

会计软件须具备电子原始凭证接收能力，并满足合法性验证、数据安全及标准化要求，这是会计软件满足数字经济环境下的会计处理需求的必然要求，有助于实现电子凭证开具、接收、报销、入账和归档等全流程无纸化处理。

与传统的纸质原始凭证防伪手段不同，电子原始凭证根据不同的文件格式、特性等，一般采用可信数据源查验和电子签名等方式进行安全保护。其中，可信数据源查验是指对获取信息的来源进行评估和验证，以确定其是否可靠、准确、权威和值得信赖的过程。电子签名是基于公钥密码学的一种技术，用于确保电子文档或数据的来源可信且未被篡改。查验电子签名是指通过技术手段验证电子签名的真实性和完整性的过程。

根据《电子签名法》第二条规定，电子签名"是指数据电文中以电子形式所含、所附用于识别签名人身份并表明签名人认可其中内容的数据"。该法第十四条还规定，"可靠的电子签名与手写签名或者盖章具有同等的法律效力"。简单地理解，电子签名就是电子文件上的签章。这种签章不同于可见印章，而是一段数据代码，其与可见印章具有同样的作用，即《电子签名法》所说的"识别签名人身份并表明签名人认可其中内容"。有的电子文件打印出来带有的签字或者红色印章，是对可见签章的模拟，并非真正的电子签名。由于电子签名的效力得到法律的确认，电子签名使需要相关方认可的电子文件能够代替纸面文件成为证据使用。这正是外部获取会计资料无纸化的法律依据。电子签名可以确保经签名的数据一旦被篡改即能被发现，从而保证电子数据的真实性和完整性，其可靠性是纸面签章及任何纸面防伪技术不可比的。

第十八条 会计软件应当准确、完整、有效读取电子会计凭证中的数据，真实、直观、安全呈现电子会计凭证所承载的信息。

会计软件应当适配电子凭证会计数据标准，支持按照电子凭证会计数据标准解析符合标准的电子会计凭证。

【释义】本条对会计软件读取和解析电子会计凭证的能力进行了规定。

《财政部 国家档案局关于规范电子会计凭证报销入账归档的通知》要求，单位仅以电子凭证报销入账归档的，要满足的条件之一，是接收的电子会计凭证经查验合法、真实，使用的会计核算系统能够准确、完整、有效接收和读取电子会计凭证及其元数据。本条是对这一要求的延续和细化。

相比于传统的通过图像文字识别获取票面信息的方式，通过适配电子凭证会计数据标准解析电子会计凭证的方式能够显著提升会计数据的准确性和完整性。符合电子凭证会计数据标准的电子会计凭证文件中已经附有了结构化数据文件，会计软件可读取和解析电子会计凭证获得结构化数据，即对电子会计凭证进行数据提取、验证和处理，以确保其符合会计核算的相关要求。此外，由于会计软件从电子会计凭证文件中直接读取、解析会计数据资料，而这些会计数据资料通常要在软件界面上以用户可以理解的形式呈现，一般的用户难以自行检查软件所呈现数据资料是否与电子会计凭证中所附结构化数据一致,这就要求会计软件应该确保其在界面上向用户呈现的数据资料与电子会计凭证所附数据的一致性。因此,本条要求会计软件能够准确、完整、有效读取电子会计凭证中的会计数据,能够按照国家统一的会计数据标准解析和应用会计数据,能够将电子会计凭证所承载的会计数据向用户真实、直观、安全呈现。

会计软件在电子会计凭证接收、解析、报销、入账及归档环节要按照电子凭证会计数据标准要求进行适配,以满足无纸化报销趋势和建设要求,具体操作可参见《电子凭证会计数据标准应用指南》。

第四章 会计数据处理

第十九条 会计软件应当安全、可靠地传输、存储、转换、利用会计数据。对内部生成和从外部接收的电子会计凭证,能准确识别和防止信息被篡改,能够如实、直观地向用户呈现凭证的真实性等状态。

【释义】本条对会计软件如何处理会计数据提出总体性要求。

本条重点强调会计数据的安全可靠性。信息安全是国家安全的重要组成部分,单位要严格遵守国家对信息安全等保(网络安全等级保护)、分保(涉密信息系统分级保护)等相关规定。会计软件作为信息处理软件,同样要严格执行人员授权管理、介质存储、数据传输、网络访问等相关安全措施,通过授权、加密、备份等机制,有效防止数据在没有合法授权的情况下被访问、篡改、删除处理。此外,会计软件还应当能够如实、直观地向用户呈现凭证的真实性等状态。

本条有关要求还将在后续条款中作进一步说明。

第二十条 会计软件的数据处理功能设置应当符合国家统一的会计制度要求。

(一)会计软件应当同时提供国家统一的会计制度允许使用的多种会计核算方法,以供用户选择。会计软件对会计核算方法的更改过程,在系统内应当有相应的记录。

(二)会计软件应当提供符合国家统一的会计制度的会计科目分类和编码功能,支持单位进一步扩展应用。

(三)会计软件应当提供自定义辅助核算项目功能,支持单位结合实际情况开展多维度会计数据分析。

【释义】本条对会计软件的数据处理功能设置进行了规定。

1. 总体要求

会计软件的数据处理功能设置应当符合国家统一的会计制度要求,这也是

《会计法》相关要求在会计软件领域的具体体现。

2. 关于会计核算方法

会计软件应当同时提供国家统一的会计制度允许使用的多种会计核算方法，以供用户选择。会计软件对会计核算方法的更改过程，在系统内应当有相应的记录。

3. 关于会计科目和编码

在财政部发布的相关会计准则制度中，均统一规定了会计科目及编号，以便于编制会计凭证，登记会计账簿，查阅账目，实行会计信息化管理。通常情况下，对于准则制度已规定的一级科目编号，单位不得随意打乱重编。某些会计科目之间留有空号，供增设会计科目之用。单位应当按照准则制度的规定，设置和使用会计科目。在不影响会计核算要求和会计报表指标汇总，以及对外提供统一的财务会计报告的前提下，单位可以根据实际情况自行增设、减少或合并某些会计科目。明细科目的设置，除准则制度已有规定外，在不违反统一会计核算要求的前提下，单位可以根据需要自行确定。对于会计科目名称，单位可以根据具体情况，在不违背会计科目使用原则的基础上，确定适合于本单位的会计科目名称。因此，会计软件应当提供符合国家统一的会计制度的会计科目分类和编码功能，支持单位进一步扩展应用。

4. 关于辅助核算项目

会计软件应当提供自定义辅助核算项目功能，支持单位结合实际情况开展多维度会计数据分析。自定义辅助核算项目功能，是指会计软件允许用户根据实际业务需求，自定义设置辅助核算项目，以便对财务数据进行多维度分类、汇总和分析的功能。在国家统一的会计准则制度中，通常只规定到会计科目这一层级，但使用单位为了精细化管理，往往需要核算到部门、员工、产品、项目等维度。因此，会计软件应提供进一步的辅助核算维度，扩展自定义精细化核算项目，并且基于项目、部门、产品等维度，进行多维度的统计和数据分析。

第二十一条 会计软件应当提供填制和生成记账凭证的功能。

（一）会计软件应当支持审签程序自动化，能够根据预置的审核规则实现电子会计凭证数据、业务数据和资金支付数据等相关数据的自动关联和相互校验。校验无误的电子原始凭证可自动填制电子记账凭证，并进行会计入账。

会计软件的自动审核规则应当可查询、可校验、可追溯。会计软件应当支持用户针对特定审签程序的系统自动化处理进行授权操作。

（二）会计软件应当按照国家统一的会计制度进行会计核算，具备经办、审核、审批等必要的审签程序并防止电子会计凭证重复入账。

（三）会计软件应当提供不可逆的记账功能，不得提供对已记账凭证的删除和插入功能，确保对同类已记账凭证的连续编号，不得提供对已记账凭证日期、币种、汇率、金额、科目、操作人等的修改功能。

（四）会计软件应当具有按照电子凭证会计数据标准要求处理电子会计凭证，并生成入账信息结构化数据文件的功能。

【释义】 本条对会计软件的记账凭证功能进行了规定。

1. 支持审签程序自动化

填制记账凭证是会计核算的关键环节，支持会计记账凭证手工填制是会计软件应当具备的一项基本功能。目前，多数单位已具备部分或全部前端业务处理功能，因此多数情况下会计记账凭证是由前端业务根据规则直接生成的。这些业务一般要履行财务人员审核、相关责任人审批的程序，以保证业务的合规性和符合本单位的管理要求。

对于实施预算管理一体化系统、财务共享系统，或者业财一体化比较完备的单位，财务人员审核的环节会前移到业财融合环节，后端会计记账凭证的审核、审批可以通过自动化规则进行处理。对于来源可靠、规则明确的业务，如周期性缴纳水费、电费、物业费项目，原始电子会计凭证在识别验签或查验通过后，可以通过配置的自动化审核规则自动生成会计记账凭证，自动入账处理，减少人工干预。

由于自动审核规则可以代替人的职责，所以会计软件应提供对自动审核规则的查看功能，并且审核规则的调整要有记录，可以追踪调整人、调整时间，可以根据会计凭证追踪对应的审核规则版本。

2. 防止电子会计凭证重复入账

随着电子会计凭证使用范围的扩大，会计软件会接收大量的电子会计凭证进入会计核算，而电子会计凭证作为信息数据的一种形式，具备方便传输和复制的特点，容易造成同一电子会计凭证由于各种原因重复入账的情况，这是不允许的。因此，会计软件在功能设计上，应当能够自动识别合法的电子会计凭证，并且在其重复入账时给出提示，禁止重复入账。

3. 不可逆的记账功能

信息化环境为数据的增、删、改提供了便利。但便利性是把"双刃剑"，它能提高会计工作的效率，同时也对会计核算过程的可信赖、可追溯造成威胁。例如，有的会计软件提供反审核、反记账、反结账等各种逆向操作功能，导致会计核算过程失去严肃性，需要加以规范约束。

信息化环境与手工记账环境有不同的环境变量，不能完全套用手工记账的旧思维。在手工记账环境下，对会计处理过程的追溯完全依靠纸面凭证、账簿、报表形成的完整证据链。除此之外，没有其他证据线索，因此对凭证、账簿的修改受到严格禁止。这虽然确保了会计信息质量，但也降低了工作效率。信息化环境下会计处理过程除了凭证等证据外，还可以有用户操作日志详细记录每项操作。在会计环境变化的背景下，会计控制方法与手段应当相应改变，在不妨碍会计处理过程可追溯的前提下，提高会计工作效率。

因此，《软件规范》并未对所有逆向操作加以禁止，而是抓住最关键的记账环节。核算流程中，记账是改变账户发生额和余额、最终决定报表数字的关键步骤。因此，对记账功能和已记账凭证进行控制，防止对相关数据的随意篡改，是会计软件必须满足的要求。而其他情况下的数据修改，例如，对尚未记账凭证的删除等，在操作日志功能完备的情况下，并不会对会计核算的严肃性造成损害，且能方便企业更正错误，《软件规范》对此未做限制。

对记账的规范主要有以下三个方面。

一是不可逆的记账功能。这里的记账，强调的是记账后果，而不是记账过程，与会计软件对记账操作如何进行后台处理无关。凭证记账后，该凭证对相关科目发生额和余额产生影响，此后不管以任何条件输出账簿和报表，该凭证的影响都应当予以反映。不可逆的记账功能，是指已记账凭证发生的后果不可撤销。用红字凭证更正记账错误，则对冲的两张凭证都发生了记账后果，不属于这里所说的逆向操作范畴。

之所以强调记账后果而非过程，是因为会计软件功能不是手工过程的模拟。在信息系统中，会计账簿和报表可能只是一个逻辑概念，没有对应的物理文件，而是根据查询和输出需要即时生成。相应地，会计软件的记账在后台处理中也不一定是实时在相关账簿中增加一行记录、改变科目的发生额和余额，而是对记账凭证数据做一个记账标记。所以，强调记账后果，就意味着记账标记不得通过任何操作予以取消，在输出账簿和报表时，有记账标记的记账凭证必须参与账簿和报表的生成过程，而没有记账标记的记账凭证不得参与这一过程。会计软件不能以记账尚未改变账簿数据为由违反记账不可逆的要求。

二是对记账顺序的保护,包括两个方面:对已记账凭证的连续编号;对已记账凭证删除和插入的禁止。两者相结合才能保证原始记账顺序不被篡改。

三是对记账内容的保护,禁止对已记账凭证关键信息的修改。关键信息是指日期、金额、科目和操作人。这里的日期包括记账凭证上记载的任何日期,如制单日期、审核日期、记账日期等。操作人也包括经手记账凭证的所有人员,如出纳、会计、审核人等。

会计软件不得提供对已记账凭证关键信息的修改功能,也意味着对尚未记账凭证的修改和已记账凭证其他信息的修改不受限制。这是《软件规范》适应信息化特点,从提高工作效率的实际需求出发而做出的突破。例如,会计分录摘要经常因会计人员信息掌握不充分而出现不准确、需要在记账后修改的情况。如果不允许直接修改而采取红字冲销重新编制凭证的方法,则过于烦琐也无必要。因为在科目和金额都不可修改的情况下,对摘要的修改也就受到限制,不可能修改为完全不相关的业务内容,而且对摘要的修改也不对核算结果形成影响。此外,操作日志也能够反映摘要的修改过程。因此,限制关键信息的修改,放开其他信息的修改,实现了信息化条件下会计核算可靠性要求与效率性要求的平衡。

4. 入账信息结构化数据文件

会计软件需要支持电子凭证会计数据标准,按照标准接收、解析电子会计凭证,并对其验签或查验处理;支持电子会计凭证后续流转,并对其状态进行记录。电子会计凭证形成会计记账凭证后,在归档前,要形成 XBRL 格式的入账信息结构化数据文件,并和记账会计凭证、电子原始凭证一起归入电子档案。

入账信息结构化数据文件是按电子原始凭证结合会计记账凭证的信息生成的,因此如果一张会计记账凭证附加了多张电子原始凭证时,就要生成多个入账信息结构化数据文件,其包含的会计记账凭证信息是一致的。会计软件的具体处理规则应参照财政部最新的电子凭证会计数据标准(参见《工作规范》第二十条释义)。

第二十二条 会计软件应当提供根据审核通过的记账凭证生成账簿的功能。

(一)根据审核通过的记账凭证或者记账凭证汇总表登记总分类账。

(二)根据审核通过的记账凭证和相应原始凭证登记明细分类账。

【释义】本条对会计软件的记账功能进行了规定。

记账功能是会计软件的基本功能。会计软件要提供基于记账凭证生成会计账簿的功能,如总账账簿、各种分类账簿等,并且可以按月、季、年等任意时间段出具会计账簿。同时,要确保总分类账和明细分类账数据保持一致。

第二十三条 会计软件应当提供自动进行银行对账的功能,根据银行存款账面余额、银行存款日记账与输入的银行对账单,借助适当的手工辅助完成银行对账。

【释义】本条对会计软件的自动对账功能进行了规定。

财政部发布的银行电子对账单会计数据标准包含了银行交易信息和业务关联信息。因此,会计软件可以利用这些信息定义自动化对账规则,将银行存款日记账明细记录和导入的银行对账单明细记录进行自动关联,少数核对不上的情况可以支持人工辅助,形成余额调节表,并和银行对账单一起进行归档处理,鼓励单位通过成熟的智能化工具提升银行对账效率。

第二十四条 会计软件应当提供会计数据按照规定会计期间进行结账的功能。结账前,会计软件应当自动检查本期输入的会计凭证是否全部登记入账,全部登记入账后才能结账。

鼓励会计软件提供跨应用、跨系统的智能结账功能,满足单位多应用、多系统的情况下,加强结账任务协同,提升结账效率。

【释义】本条对会计软件的结账功能进行了规定。

会计软件提供的结账功能,表示结账期间的业务已完成,会计报告已出具,不再允许对此期间的业务做任何调整处理。这时记账凭证都必须已经记账,会计软件才能进行结账处理,所以结账前检查会计凭证是否全部入账是很重要的一项规则。使用单位可能会有多个系统,总分类账和明细分类账可能在不同系统中,总分类账和明细分类账的数据要保持一致,结账步骤也要保持一致,在月底结账时要保持不同系统间的协同。会计软件应提供协同的规则和步骤,和各个系统进行协同处理,保证结账时各个系统同步处理,保证会计数据的一致性和完整性,提升结账效率。

第二十五条 会计软件应当提供符合国家统一的会计制度规定自动编制会计报表的功能。会计软件应当提供会计报表的自定义功能,包括定义会计报表的格式、项目、各项目的数据来源、项目之间的计算逻辑等。

【释义】本条对会计软件自动编制会计报表的功能进行了规定。

自动编制会计报表是会计软件应当具备的基本功能之一,该功能的实现首先应当符合国家统一的会计制度的规定。会计软件提供的自动编制会计报表功能可以帮助企业编制对外会计报表，以及对内的管理报表。对外披露的会计报表一般有明确的报告内容，对内的管理报表个性化比较强，一般没有统一的报告项目和要求。因此，会计报表应当具备灵活定义报表的格式，可以定义项目及取数规则，可以从会计核算等系统取数，支持报表项目之间数据的校验核对逻辑。在报表编制过程中，提供对报表数据的自动取数、检查、汇总、合并等处理，能够对期间报表数据进行审核或冻结，审核或冻结后的报表数据不能再进行加工、调整等处理。鼓励单位搭建会计报表与账务的数据追溯功能，可以通过报表数据追溯到总分类账和明细分类账，并最终可以追溯到电子会计凭证。

第二十六条 鼓励会计软件服务商在会计软件中集成可扩展商业报告语言（XBRL）功能，便于单位生成符合国家统一标准的XBRL会计数据文件和财务会计报告。

【释义】本条对会计软件集成可扩展商业报告语言（XBRL）功能提出了原则性要求。

关于XBRL报告的相关内容，请参见《工作规范》第三十五条释义。

第五章 会计数据输出

第二十七条 会计软件应当提供符合国家统一的会计制度的会计凭证、会计账簿、财务会计报告和其他会计资料的显示、打印、生成版式文件并导出的功能。

【释义】本条对会计软件呈现会计资料的功能进行了规定。

本条规定是保证会计软件按照会计人员易于理解的形式呈现会计资料、还原会计核算过程。

会计制度并未对凭证和账簿（这里指分类账和日记账）有统一规定，但《会计基础工作规范》相关条款对凭证、账簿所必须记载的事项是有规定的。而在我国会计实务中，凭证和账簿有约定俗成的格式，市场销售的空白凭证和账簿的格式也都大同小异。会计软件显示和打印的凭证、账簿，应当符合《会计基础工作规范》规定的内容和行业约定俗成的格式。

为了实现电子会计资料的电子化归档应用管理，需要会计软件在原有显示、打印基础上增加生成版式文件并导出的功能。《电子会计档案管理规范》针对电子会计资料生成的版式文件格式也做了推荐，即电子会计资料归档版式推荐使用 OFD 格式，不具备应用 OFD 格式条件的单位，可使用 PDF 格式或其他符合长期保存要求的版式格式。为方便解析和统计，可同步输出类结构化描述文件归档。

第二十八条 会计软件应当具有会计资料归档功能，提供导出电子会计档案的接口，输出归档的电子会计资料应当符合国家有关电子文件归档与电子会计档案管理的要求。

【释义】本条对会计软件的电子资料归档功能进行了规定。

随着现代信息技术的演进、无纸化办公的发展，电子会计档案管理已成为趋势，部分单位已经探索实践了电子会计档案单套制管理模式。本规范第二十七条所规定的会计软件具备电子会计资料的版式文件生成功能和导出功能，是会计软件提供归档接口功能的先决条件，提供了归档数据文件基础。在《电子会计档案管理规范》中对于档案文件的数据输出和接收明确了接口方案规定，给出了会计核算系统和业务系统接口功能的参照。

单位在购买、实施会计软件和相应服务时，应充分听取本单位档案部门对于电子会计资料的归档范围、元数据项、归档后的存储位置、归档储存格式等方面的意见，使电子会计资料能够顺利归档。

第二十九条 会计软件应当具有符合国家统一标准的数据接口，满足系统功能拓展、与外部系统对接和监督需要，支持相关监管机构的信息披露要求。

【释义】本条对会计软件的数据接口要求进行了规定。

会计软件不仅要在内部处理会计数据，还要能够与外部系统进行有效沟通和数据交换，确保数据的开放性和兼容性。近些年来，在财会监督、内部控制评价等相关工作中，都提出应用信息化手段提升监管效能。因此，会计软件具有符合国家统一标准的数据接口，有利于不同系统间的数据流通和共享，提升数据的互操作性和一致性，并降低数据转换和处理的成本。

会计软件还需要满足相关监管机构的信息披露要求，包括财务报告的编制、审计和上报等。标准数据接口有助于会计软件与监管机构的信息系统对接，确保信息披露的及时性和准确性，也有效降低与各监管部门的数据交换和比对核实的成本。

第三十条 鼓励会计软件提供按照标准格式输出各类会计数据的功能，促进会计数据的应用，发挥会计数据的价值。

【释义】本条对会计软件应具备的数据输出格式进行了原则性规定。

会计软件通过输出标准格式的会计数据，帮助单位更有效地进行数据分析和利用，支持会计职能的拓展和会计信息化的深入发展。通过标准格式的数据输出，会计软件能够提高数据处理的速度和准确性，从而提升会计工作的效率。管理层和决策者可以更便捷、更准确地获取和分析这些数据，从而更有依据、更科学地作出决策。

会计软件按照标准格式输出数据，还可以提高会计信息的透明度，使得外部利益相关者（如投资者、监管机构等）能够更清晰地理解单位的财务状况等。在全球化背景下，标准化的会计数据输出有助于跨国公司和国际投资者更好地理解和应用会计信息。此外，融合了丰富业务数据的会计数据，在降低单位融资成本、强化组织对标管理等环节将发挥更为显著的数据价值。

第六章　会计软件安全

第三十一条　会计软件运行、处理应当安全可靠，根据需要采取安全认证、电子签名、数字加密和可信存证等技术手段，防止非授权访问，防范数据库中的会计数据被篡改，保障会计处理过程安全可信，以及会计数据可验证、可溯源。

【释义】本条对会计软件的安全性提出总体要求。

会计软件在设计时，必须充分考虑系统运行和处理的安全性和可靠性，这是会计软件的基本要求，也是保障会计数据安全的重要基石。

会计软件要充分利用成熟可靠、安全可控的技术手段，如安全认证、电子签名、数字加密和可信存证等，发挥不同技术手段优势，建立覆盖从会计数据输入、处理到输出的全流程安全体系。其中，安全认证是一种基于密码学和安全协议的技术，用于验证信息的来源、完整性和用户身份。电子签名在本规范第十七条释义中已有解释。数字加密是一种利用密码学算法对数据进行加密和解密的技术，即通过加密算法将明文数据转换为密文数据，只有拥有正确密钥的用户才能解密并恢复原始数据，目的是确保数据的机密性、完整性和可用性。数字加密可信存证是指利用区块链、时间戳等技术，将电子数据（如合同、交易记录、审计日志）以不可篡改、可验证的方式存储，并确保其法律效力和技术可信性。

会计软件要实施用户身份验证机制，确保只有授权用户才能访问系统，包括用户名和密码、多因素认证等安全措施。会计软件可以采用电子签名技术，使每笔交易都可以被追踪到具体的操作者。会计软件要使用加密技术，用来保护存储和传输的数据，防止数据在未经授权的情况下被读取或篡改。会计软件要具备严格的访问控制机制，防止非授权访问。会计软件要监控和记录所有用户对数据库的访问和更改。会计软件需要确保所有会计记录和交易都是可验证和可溯源的，以便于在需要时可以提供法律上的证据。

本规范不对会计软件所采用的技术手段施加限制性要求，允许会计软件服务商根据实际情况自主选择成熟可靠、安全可控的技术。

第三十二条 会计软件应当能够记录用户操作日志，确保日志的安全、完整，提供按操作人员、操作时间和操作内容查询日志的功能，并能以简单易懂的形式输出。

【释义】本条对会计软件的日志安全性进行了规定。

会计软件的日志记录与管理功能是其稳健运行和高效管理的重要保障，不仅提升了财务数据的准确性和安全性，还为企业内部的合规审计和外部监管提供了有力支持。

在日志管理方面，会计软件应当具备：

（1）实时记录操作日志。自动捕捉并记录所有用户的操作活动，包括登录时间、执行的操作内容（如数据录入、修改、删除等）及操作完成时间，确保每一次操作都有据可查。

（2）保障日志安全。采用加密存储技术和严格的访问控制策略，保护日志数据免受未经授权的访问、篡改或删除，确保日志信息的机密性和完整性。

（3）提供灵活日志查询功能。支持多维度查询，用户可以根据操作人员的姓名、特定时间段或具体的操作内容快速检索相关日志记录，提高了审计和故障排查的效率。

（4）直观易懂的输出格式。日志信息以清晰、简洁且易于理解的形式展示，如列表、图表或详细报告，使非技术背景的审计员或管理人员也能轻松查阅和分析日志数据，及时发现潜在问题或异常行为。

单位应结合《会计档案管理办法》等相关法律法规和制度规范，根据会计软件日志类型保留对应的年限，以满足审计和合规要求。

第三十三条 会计软件应当满足数据保密性的要求，支持对重要敏感数据的加密存储和传输。会计软件应支持按照数据使用场景及安全要求，对敏感数据进行脱敏处理。

【释义】本条对会计软件的数据保密性进行了规定。

会计软件的设计需严格遵循数据保密性原则，确保系统具备相应的数据安全防护能力。具体而言，会计软件应内置可靠的数据加密技术，实现对关键业务数据、用户信息及敏感财务数据的加密存储，即便在数据处于静态存储状态时，也能有效抵御未经授权的访问与泄露风险。同时，在数据传输过程中，无论是通过网络进行的内部通信还是与外部系统的交互，会计软件均应支持加密传输协议，如 HTTPS 或 VPN 隧道技术，以保障数据在传输途中的安全性与完整性。

此外，为了满足不同数据使用场景下的安全需求，会计软件还应提供灵活的数据脱敏功能。脱敏处理是一种数据保护技术，通过对敏感数据（如身份证号、银行账户等）进行变形、替换、加密等操作，使其在保留业务特征的同时，无法直接识别出原始数据，从而保护个人隐私和企业机密的技术手段。会计软件能够根据实际需求，在数据展示、分享或外发时自动对敏感数据按照设定的脱敏规则进行脱敏处理，既满足了合规性要求，又保障了数据使用的安全性与灵活性。

第三十四条 会计软件应当满足数据完整性的要求，根据需要采取电子签名、可信存证等技术手段，保障会计数据不被篡改。

【释义】本条对会计软件的数据完整性进行了规定。

确保会计数据完整性，是会计软件在设计与运行、处理过程中应当遵循的一个重要原则。要求所有与会计活动相关的数据在生成、传输、存储和报告的过程中保持其原始性、准确性和完整性，未经授权不得被修改、删除或破坏。

为了满足数据完整性的要求，会计软件应根据需要采用电子签名、可信存证等技术手段，建立起完善的数据保护机制，以确保所有会计数据的完整无损。从最初的数据产生，到后续的数据处理、存储，直至最终的财务报告生成，每一个环节都需要保证数据的准确无误和不被篡改。例如，会计软件在接收电子原始凭证等会计数据时，支持通过查验电子签名等方式检查电子原始凭证的合法性、真实性和完整性。

第三十五条 会计软件应当满足数据可靠存储的要求，能够支持数据容灾和备份功能，避免会计数据因错误操作、系统故障或自然灾害而损毁、丢失。

【释义】本条对会计软件的数据可靠性存储进行了规定。

保障会计数据的可靠存储，是会计软件的基本功能之一。会计资料逐步取消纸质保存方式，仅以电子形式保存是发展的必然趋势，电子资料相对纸质资料存在更多的灭失风险，如人员误操作、软硬件故障、自然灾害等导致数据丢失，会计软件应支持数据容灾和备份功能，保障会计数据安全存储。

容灾系统是指在相隔较远的异地，建立两套或多套功能相同的 IT 系统，互相之间可以进行健康状态监视和功能切换，当一处系统因意外（如自然灾害、人为因素等）停止工作时，整个应用系统可以切换到另一处，使该系统功能可以继续正常工作。

容灾系统可以分为数据级容灾和应用级容灾。数据级容灾是通过建立异地容灾中心，做数据的远程备份，确保原有的数据不会丢失或遭到破坏，但应用会中断。应用级容灾是在数据级容灾的基础上，在备份站点同样构建一套相同的应用系统，通过同步或异步复制技术，保证关键应用在允许的时间范围内恢复运行，减少灾难带来的损失。

提供会计软件云服务的厂商、会计代理记账机构，应支持数据容灾和备份功能，保障被服务单位的会计数据可靠存储。

第三十六条 会计软件应当满足跨境数据境内备份的要求。如存在单位在境外设立分支机构等情形，其数据服务器部署在境外的，会计软件应当能够支持将境外部署的数据服务器中的电子会计资料备份到境内，并能够支持在必要时仅依靠境内备份的电子会计资料独立满足单位开展会计工作以及财会监督需要。

【释义】 本条与《工作规范》第四十二条相呼应，对会计软件跨境数据境内备份进行了规定。

会计软件应当满足跨境数据境内备份的要求，确保在跨境经营的情况下，会计数据的安全性和可靠性，符合国家对数据安全的监管要求。对于数据服务器部署在境外的情况，会计软件可以将境外的数据定期备份，并还原到境内会计软件中。在必要情况下，境内数据可以满足独立数据应用与财会监督要求。

第三十七条 会计软件采用密码技术的，应当遵循国家密码主管部门的有关规定。

【释义】 本条对会计软件采用的密码技术提出了原则性要求。

会计软件为了保障在身份认证、访问控制、数据传输、数据存储等处理过程中的数据安全完整，会用到数字签名、数据加解密等密码技术，这些密码技术的运用必须符合国家的安全标准和法律法规要求，遵循国家密码主管部门的规定，涉及的相关法律法规包括《电子签名法》、《商用密码管理条例》（中华人民共和国国务院令 第760号）、《信息安全技术 安全电子签章密码技术规范》（GB/T38540-2020）等。

第七章 会计软件服务

第三十八条 鼓励会计软件服务商为用户提供符合国家统一的会计制度要求的个性化、自动化、智能化核算处理功能。

会计软件服务商为财务会计报告按规定须经注册会计师审计的单位提供会计软件时,鼓励其提供的会计软件适配注册会计师审计数据标准。

【释义】本条对会计软件服务商提供会计软件服务提出了总体性要求。

本条第一款规定有两层含义:第一,会计软件服务商应当提供符合国家统一的会计制度要求的会计核算处理功能。第二,在满足第一条的前提下,鼓励会计软件服务商向用户提供个性化、自动化、智能化的核算处理功能。由于会计软件服务商所服务的用户在行业、地域、管理模式、业务模式、发展阶段等方面存在较大差异,以及现代会计信息技术的快速迭代,会导致不同单位对会计核算处理功能的需求在遵循国家统一的会计制度要求下存在各种差异。

本条第二款是第一款内容的一项具体规定,与《工作规范》第二十六条内容相呼应,即"对于财务会计报告按规定须经注册会计师审计的单位,鼓励其会计信息系统适配注册会计师审计数据标准"。按照用户需求导向的原则,对会计软件服务商提出了一致性要求。

第三十九条 会计软件服务商应当保证会计软件服务质量,按照合同约定及时解决用户使用中的故障问题。

对于新施行的国家统一的会计制度和会计数据标准,会计软件服务商应当及时审查和评估软件功能,对软件进行必要的维护和升级,并通知用户所升级的版本、补丁和功能。

对于会计软件服务提供之前已施行的国家统一的会计制度和会计数据标准,会计软件服务存在影响用户按照国家统一的会计制度进行会计核算的,或存在影响用户按照会计数据标准输入、处理和输出会计数据的,会计软件服务商应当为用户免费提供更正程序以消除上述影响。

【释义】本条对会计软件服务商提供服务的质量和服务内容提出了明确要求。

会计软件服务质量是会计软件服务商持续发展的基石，也是提高单位会计信息质量的保障。本条第一款是一般性要求，强调按合同约定提供服务。

本条第二款、第三款专门针对国家统一的会计制度和会计标准实施引起的软件维护和升级服务事项进行规定：一是明确软件服务商和用户的责权，同时确保服务商按照国家统一的会计制度和会计数据标准提供软件服务；二是保障单位贯彻执行国家统一的会计制度和会计数据标准。

第四十条 会计软件服务商以远程访问、云计算等方式提供的会计软件服务，应当支持用户使用符合本规范要求的会计软件功能。

第四十一条 用户以远程访问、云计算等方式使用会计软件服务生成的电子会计资料及相关数据归用户所有。

会计软件服务商应当提供符合国家统一标准的数据接口供用户导出电子会计资料，不得以任何理由拒绝用户导出电子会计资料的请求。

第四十二条 以远程访问、云计算等方式提供服务的会计软件服务商，应当严格遵守国家有关网络安全、数据安全和信息保护等方面的法律法规，落实网络安全等级保护的有关要求，在技术上保证用户会计资料的安全、完整和可用，为用户的会计资料提供必要的数据容灾、应用容灾技术措施，出现系统故障或自然灾害导致数据毁损的，能及时为用户恢复会计资料，保障用户业务能够延续。对于因会计软件服务商原因造成用户会计资料泄露、毁损的，会计软件服务商应当按规定承担恢复、赔偿责任。

第四十三条 以远程访问、云计算等方式提供服务的会计软件服务商，应当做好本服务商不能维持服务的情况下，保障用户电子会计资料安全以及单位会计工作持续进行的预案，并在相关服务合同中与用户就该预案做出约定。

【释义】随着软件即服务模式的普及成熟和数字技术的发展，越来越多的单位通过会计软件服务商提供的远程访问和云计算方式租用会计软件，即通过互联网或专用网络，用户可以在任何地点访问和使用会计软件。该模式下不需要在单位本地安装部署，进而满足了部分单位降低成本、快速部署、按需拓展的个性化需求。以上四条是针对上述场景提出的相关软件功能要求与服务要求。

第一，从会计软件功能要求来看，以远程访问和云计算等方式提供服务的会计软件与传统会计软件并无差异，不会影响或改变会计软件的功能，因此，应符合本规范的要求。

第二，对于此模式下的会计资料和相关数据权属给予明确。本条规范明确了用户使用会计软件服务生成的数据权属，用户通过自行采集、录入、处理等方式，生成的电子会计资料和相关数据统称为会计信息，这些会计信息归属用户所有。用户是指使用会计软件服务的单位，而非该单位未经授权的个体人员。用户对上述会计信息的所有权具体包括供给控制权和需求索取权。会计信息的供给控制权涉及对会计信息从确认、计量、监督到披露整个供给过程的控制，具体包括会计信息的生成控制权、监督控制权、披露控制权及反馈权。这些权利共同确保了会计信息的准确性和完整性，从而保障了会计信息的有效供给。会计信息的需求索取权是指用户对会计信息进行消费和索取的权利，可以分为一般索取权和特殊索取权。该权利确保了会计信息的需求方能够合法获取所需信息，以满足其决策需求。未经允许，会计软件服务商不能将用户所有的会计信息商用或提供给第三方单位。在此基础上，本规范对会计软件服务商的责任进行了明确，会计软件服务商应当提供符合国家统一标准的数据接口。为方便用户操作，数据接口应提供安全便捷的登录入口，如嵌入会计软件或放在用户社区显著位置等。会计软件服务商在为用户提供服务存续期内，不得以任何理由拒绝用户导出电子会计资料的请求。

第三，针对该模式下网络安全、数据安全和信息保护问题，本规范从制度要求、保障措施和相关责任等方面提出明确要求。以远程访问、云计算等方式提供服务的会计软件服务商，需要严格遵守《中华人民共和国网络安全法》《中华人民共和国数据安全法》《中华人民共和国个人信息保护法》等一系列法律法规中对于网络、数据、个人信息相关的安全保护要求。会计软件或者服务也需要按照网络安全等级保护等相关要求，在技术上采用不断优化的数据加密、数字签名、数据容灾、应用容灾等措施，以确保会计资料的安全性、完整性和可用性。从数据责任角度而言，会计软件及其日常运维服务由服务商提供，服务商应确保所提供的会计软件不存在安全漏洞或后门，或在发现安全漏洞时能及时进行修复或提供解决方案；而用户需要遵守软件使用协议以履行安全操作或安全配置加固义务。若因为会计软件自身存在的漏洞，或者因服务商的服务故障导致会计资料泄露或丢失，会计软件服务商需要按合同约定承担恢复和赔偿责任。

第四,若出现用户和会计软件服务商无法继续合作的情况,要做好保障用户电子会计资料及相关数据的安全和单位后续正常开展会计工作的预案,并要求双方提前在服务合同中进行约定。在软件即服务模式下,一旦会计软件服务商不能提供服务,则意味着用户不能使用该服务商提供的会计软件去处理、查询已经生成的相关会计信息。因此,用户与会计软件服务商需要在服务合同中共同约定相应的预案,如数据保护缓冲期、数据保管协议等。会计软件服务商为用户提供符合国家统一标准的数据接口,确保用户能通过导出、下载等方式获取完整的相关电子会计资料和会计数据,以便于用户能够继续使用这些会计信息。

第四十四条 会计软件服务商应当为用户提供必要的会计软件使用操作培训和相关教程资料。会计软件服务商和用户在有关合同中约定了操作培训事宜的,应当从其约定。

【释义】本条对会计软件服务商为用户提供操作培训提出原则性要求。

会计软件中的各项功能和信息架构承载了国家和行业的相关政策和通用做法、企业的相关规章制度、标杆企业的管理思想及会计领域专家的知识成果等,具有专业性强、技术要求高、场景适配多样等特点。对于广大用户来说,难以按照个人应用软件的认知逻辑去自行使用。为提升不同用户使用会计软件的体验和效率,本规范明确会计软件服务商应当为用户提供相关教程资料,包括但不限于使用操作、功能介绍、核心流程、典型问题与应答等。

考虑到使用单位在发展阶段、所处地域和行业、管理模式、人员背景等诸多领域客观存在较大差异,本规范允许会计软件服务商与用户通过服务合同来明确约定操作培训的具体内容和方式。

第四十五条 会计软件服务商可以采用现场服务、呼叫中心、在线人工客服、智能客服、网络社区服务等多种方式为用户提供实时技术支持。

会计软件服务商应当努力提高会计软件相关服务质量,按照合同约定及时解决用户使用中的故障问题,并建立突发问题应急机制。

【释义】本条对会计软件服务商为用户提供实时技术支持提出了相关要求。

对于广大用户来说,因为相关政策和企业管理、流程的动态变化,在使用会计软件的过程中会遇到新的使用问题,需要寻求会计软件服务商的技术支持,以便快速实现需求并解决问题。本规范明确要求会计软件服务商不断提升对用户的服务质量,扩展服务渠道和方式,这些渠道包括但不限于现场服务、呼叫中心、在线人工客服、智能客服、网络社区服务等,通过全方位的技术支持服务帮助用户切实高效地解决问题。

由于用户在使用会计软件过程中遇到的问题甚至故障有可能对使用单位的持续经营带来严重影响,本规范强调会计软件服务商应当与用户通过合同约定服务的响应机制和质量要求,并根据问题的紧急和严重程度,建立健全应急机制和保障体系。

第四十六条 有关部门依法开展监督检查工作,需要通过会计软件开展检查、调查的,会计软件服务商应当配合并提供相关文档等支持资料。

【释义】本条对会计软件服务商配合监督检查工作提出了原则性要求。

依据《会计法》第三十一条规定,本规范提到的相关部门,是指依照有关法律、行政法规规定的职责,对有关单位的会计资料实施监督检查的财政、审计、税务、金融管理等部门。上述部门需要通过会计软件依法开展监督检查工作时,会计软件服务商应当在相关法律法规允许范围内,为其提供软件的操作培训、使用指导等配合性工作,并提供数据资源目录、培训教材、产品功能说明等相关资料。

第八章　附　　则

第四十七条　本规范自2025年1月1日起施行。《会计核算软件基本功能规范》(财会字〔1994〕27号)同时废止。

【释义】本条明确了新规范的施行日期和原规范的废止日期。

根据印发本规范的通知要求,本规范施行前已经投入使用但不符合本规范有关要求的会计软件,应当自本规范施行之日起3年内进行升级完善,达到要求。

第三部分

附录

附录1

中华人民共和国会计法

（1985年1月21日第六届全国人民代表大会常务委员会第九次会议通过 根据1993年12月29日第八届全国人民代表大会常务委员会第五次会议《关于修改〈中华人民共和国会计法〉的决定》第一次修正 1999年10月31日第九届全国人民代表大会常务委员会第十二次会议修订 根据2017年11月4日第十二届全国人民代表大会常务委员会第三十次会议《关于修改〈中华人民共和国会计法〉等十一部法律的决定》第二次修正 根据2024年6月28日第十四届全国人民代表大会常务委员会第十次会议《关于修改〈中华人民共和国会计法〉的决定》第三次修正）

第一章 总 则

第一条 为了规范会计行为，保证会计资料真实、完整，加强经济管理和财务管理，提高经济效益，维护社会主义市场经济秩序，制定本法。

第二条 会计工作应当贯彻落实党和国家路线方针政策、决策部署，维护社会公共利益，为国民经济和社会发展服务。

国家机关、社会团体、公司、企业、事业单位和其他组织（以下统称单位）必须依照本法办理会计事务。

第三条 各单位必须依法设置会计账簿，并保证其真实、完整。

第四条 单位负责人对本单位的会计工作和会计资料的真实性、完整性负责。

第五条 会计机构、会计人员依照本法规定进行会计核算，实行会计监督。

任何单位或者个人不得以任何方式授意、指使、强令会计机构、会计人员伪造、变造会计凭证、会计账簿和其他会计资料，提供虚假财务会计报告。

任何单位或者个人不得对依法履行职责、抵制违反本法规定行为的会计人员实行打击报复。

第六条 对认真执行本法，忠于职守，坚持原则，做出显著成绩的会计人员，给予精神的或者物质的奖励。

第七条 国务院财政部门主管全国的会计工作。

县级以上地方各级人民政府财政部门管理本行政区域内的会计工作。

第八条 国家实行统一的会计制度。国家统一的会计制度由国务院财政部门根据本法制定并公布。

国务院有关部门可以依照本法和国家统一的会计制度制定对会计核算和会计监督有特殊要求的行业实施国家统一的会计制度的具体办法或者补充规定，报国务院财政部门审核批准。

国家加强会计信息化建设，鼓励依法采用现代信息技术开展会计工作，具体办法由国务院财政部门会同有关部门制定。

第二章 会计核算

第九条 各单位必须根据实际发生的经济业务事项进行会计核算，填制会计凭证，登记会计账簿，编制财务会计报告。

任何单位不得以虚假的经济业务事项或者资料进行会计核算。

第十条 各单位应当对下列经济业务事项办理会计手续，进行会计核算：

（一）资产的增减和使用；

（二）负债的增减；

（三）净资产（所有者权益）的增减；

（四）收入、支出、费用、成本的增减；

（五）财务成果的计算和处理；

（六）需要办理会计手续、进行会计核算的其他事项。

第十一条 会计年度自公历1月1日起至12月31日止。

第十二条 会计核算以人民币为记账本位币。

业务收支以人民币以外的货币为主的单位，可以选定其中一种货币作为记账本位币，但是编报的财务会计报告应当折算为人民币。

第十三条 会计凭证、会计账簿、财务会计报告和其他会计资料，必须符合国家统一的会计制度的规定。

使用电子计算机进行会计核算的，其软件及其生成的会计凭证、会计账簿、财务会计报告和其他会计资料，也必须符合国家统一的会计制度的规定。

任何单位和个人不得伪造、变造会计凭证、会计账簿及其他会计资料，不得提供虚假的财务会计报告。

第十四条 会计凭证包括原始凭证和记账凭证。

办理本法第十条所列的经济业务事项，必须填制或者取得原始凭证并及时送交会计机构。

会计机构、会计人员必须按照国家统一的会计制度的规定对原始凭证进行审核，对不真实、不合法的原始凭证有权不予接受，并向单位负责人报告；对记载不准确、不完整的原始凭证予以退回，并要求按照国家统一的会计制度的规定更正、补充。

原始凭证记载的各项内容均不得涂改；原始凭证有错误的，应当由出具单位重开或者更正，更正处应当加盖出具单位印章。原始凭证金额有错误的，应当由出具单位重开，不得在原始凭证上更正。

记账凭证应当根据经过审核的原始凭证及有关资料编制。

第十五条 会计账簿登记，必须以经过审核的会计凭证为依据，并符合有关法律、行政法规和国家统一的会计制度的规定。会计账簿包括总账、明细账、日记账和其他辅助性账簿。

会计账簿应当按照连续编号的页码顺序登记。会计账簿记录发生错误或者隔页、缺号、跳行的，应当按照国家统一的会计制度规定的方法更正，并由会计人员和会计机构负责人（会计主管人员）在更正处盖章。

使用电子计算机进行会计核算的，其会计账簿的登记、更正，应当符合国家统一的会计制度的规定。

第十六条 各单位发生的各项经济业务事项应当在依法设置的会计账簿上统一登记、核算，不得违反本法和国家统一的会计制度的规定私设会计账簿登记、核算。

第十七条 各单位应当定期将会计账簿记录与实物、款项及有关资料相互核对，保证会计账簿记录与实物及款项的实有数额相符、会计账簿记录与会计凭证的有关内容相符、会计账簿之间相对应的记录相符、会计账簿记录与会计报表的有关内容相符。

第十八条　各单位采用的会计处理方法，前后各期应当一致，不得随意变更；确有必要变更的，应当按照国家统一的会计制度的规定变更，并将变更的原因、情况及影响在财务会计报告中说明。

第十九条　单位提供的担保、未决诉讼等或有事项，应当按照国家统一的会计制度的规定，在财务会计报告中予以说明。

第二十条　财务会计报告应当根据经过审核的会计账簿记录和有关资料编制，并符合本法和国家统一的会计制度关于财务会计报告的编制要求、提供对象和提供期限的规定；其他法律、行政法规另有规定的，从其规定。

向不同的会计资料使用者提供的财务会计报告，其编制依据应当一致。有关法律、行政法规规定财务会计报告须经注册会计师审计的，注册会计师及其所在的会计师事务所出具的审计报告应当随同财务会计报告一并提供。

第二十一条　财务会计报告应当由单位负责人和主管会计工作的负责人、会计机构负责人（会计主管人员）签名并盖章；设置总会计师的单位，还须由总会计师签名并盖章。

单位负责人应当保证财务会计报告真实、完整。

第二十二条　会计记录的文字应当使用中文。在民族自治地方，会计记录可以同时使用当地通用的一种民族文字。在中华人民共和国境内的外商投资企业、外国企业和其他外国组织的会计记录可以同时使用一种外国文字。

第二十三条　各单位对会计凭证、会计账簿、财务会计报告和其他会计资料应当建立档案，妥善保管。会计档案的保管期限、销毁、安全保护等具体管理办法，由国务院财政部门会同有关部门制定。

第二十四条　各单位进行会计核算不得有下列行为：

（一）随意改变资产、负债、净资产（所有者权益）的确认标准或者计量方法，虚列、多列、不列或者少列资产、负债、净资产（所有者权益）；

（二）虚列或者隐瞒收入，推迟或者提前确认收入；

（三）随意改变费用、成本的确认标准或者计量方法，虚列、多列、不列或者少列费用、成本；

（四）随意调整利润的计算、分配方法，编造虚假利润或者隐瞒利润；

（五）违反国家统一的会计制度规定的其他行为。

第三章 会计监督

第二十五条 各单位应当建立、健全本单位内部会计监督制度,并将其纳入本单位内部控制制度。单位内部会计监督制度应当符合下列要求:

(一)记账人员与经济业务事项和会计事项的审批人员、经办人员、财物保管人员的职责权限应当明确,并相互分离、相互制约;

(二)重大对外投资、资产处置、资金调度和其他重要经济业务事项的决策和执行的相互监督、相互制约程序应当明确;

(三)财产清查的范围、期限和组织程序应当明确;

(四)对会计资料定期进行内部审计的办法和程序应当明确;

(五)国务院财政部门规定的其他要求。

第二十六条 单位负责人应当保证会计机构、会计人员依法履行职责,不得授意、指使、强令会计机构、会计人员违法办理会计事项。

会计机构、会计人员对违反本法和国家统一的会计制度规定的会计事项,有权拒绝办理或者按照职权予以纠正。

第二十七条 会计机构、会计人员发现会计账簿记录与实物、款项及有关资料不相符的,按照国家统一的会计制度的规定有权自行处理的,应当及时处理;无权处理的,应当立即向单位负责人报告,请求查明原因,作出处理。

第二十八条 任何单位和个人对违反本法和国家统一的会计制度规定的行为,有权检举。收到检举的部门有权处理的,应当依法按照职责分工及时处理;无权处理的,应当及时移送有权处理的部门处理。收到检举的部门、负责处理的部门应当为检举人保密,不得将检举人姓名和检举材料转给被检举单位和被检举人个人。

第二十九条 有关法律、行政法规规定,须经注册会计师进行审计的单位,应当向受委托的会计师事务所如实提供会计凭证、会计账簿、财务会计报告和其他会计资料以及有关情况。

任何单位或者个人不得以任何方式要求或者示意注册会计师及其所在的会计师事务所出具不实或者不当的审计报告。

财政部门有权对会计师事务所出具审计报告的程序和内容进行监督。

第三十条 财政部门对各单位的下列情况实施监督:

(一)是否依法设置会计账簿;

（二）会计凭证、会计账簿、财务会计报告和其他会计资料是否真实、完整；

（三）会计核算是否符合本法和国家统一的会计制度的规定；

（四）从事会计工作的人员是否具备专业能力、遵守职业道德。

在对前款第（二）项所列事项实施监督，发现重大违法嫌疑时，国务院财政部门及其派出机构可以向与被监督单位有经济业务往来的单位和被监督单位开立账户的金融机构查询有关情况，有关单位和金融机构应当给予支持。

第三十一条　财政、审计、税务、金融管理等部门应当依照有关法律、行政法规规定的职责，对有关单位的会计资料实施监督检查，并出具检查结论。

财政、审计、税务、金融管理等部门应当加强监督检查协作，有关监督检查部门已经作出的检查结论能够满足其他监督检查部门履行本部门职责需要的，其他监督检查部门应当加以利用，避免重复查账。

第三十二条　依法对有关单位的会计资料实施监督检查的部门及其工作人员对在监督检查中知悉的国家秘密、工作秘密、商业秘密、个人隐私、个人信息负有保密义务。

第三十三条　各单位必须依照有关法律、行政法规的规定，接受有关监督检查部门依法实施的监督检查，如实提供会计凭证、会计账簿、财务会计报告和其他会计资料以及有关情况，不得拒绝、隐匿、谎报。

第四章　会计机构和会计人员

第三十四条　各单位应当根据会计业务的需要，依法采取下列一种方式组织本单位的会计工作：

（一）设置会计机构；

（二）在有关机构中设置会计岗位并指定会计主管人员；

（三）委托经批准设立从事会计代理记账业务的中介机构代理记账；

（四）国务院财政部门规定的其他方式。

国有的和国有资本占控股地位或者主导地位的大、中型企业必须设置总会计师。总会计师的任职资格、任免程序、职责权限由国务院规定。

第三十五条　会计机构内部应当建立稽核制度。

出纳人员不得兼任稽核、会计档案保管和收入、支出、费用、债权债务账目的登记工作。

第三十六条 会计人员应当具备从事会计工作所需要的专业能力。

担任单位会计机构负责人（会计主管人员）的，应当具备会计师以上专业技术职务资格或者从事会计工作三年以上经历。

本法所称会计人员的范围由国务院财政部门规定。

第三十七条 会计人员应当遵守职业道德，提高业务素质，严格遵守国家有关保密规定。对会计人员的教育和培训工作应当加强。

第三十八条 因有提供虚假财务会计报告，做假账，隐匿或者故意销毁会计凭证、会计账簿、财务会计报告，贪污，挪用公款，职务侵占等与会计职务有关的违法行为被依法追究刑事责任的人员，不得再从事会计工作。

第三十九条 会计人员调动工作或者离职，必须与接管人员办清交接手续。

一般会计人员办理交接手续，由会计机构负责人（会计主管人员）监交；会计机构负责人（会计主管人员）办理交接手续，由单位负责人监交，必要时主管单位可以派人会同监交。

第五章 法律责任

第四十条 违反本法规定，有下列行为之一的，由县级以上人民政府财政部门责令限期改正，给予警告、通报批评，对单位可以并处二十万元以下的罚款，对其直接负责的主管人员和其他直接责任人员可以处五万元以下的罚款；情节严重的，对单位可以并处二十万元以上一百万元以下的罚款，对其直接负责的主管人员和其他直接责任人员可以处五万元以上五十万元以下的罚款；属于公职人员的，还应当依法给予处分：

（一）不依法设置会计账簿的；

（二）私设会计账簿的；

（三）未按照规定填制、取得原始凭证或者填制、取得的原始凭证不符合规定的；

（四）以未经审核的会计凭证为依据登记会计账簿或者登记会计账簿不符合规定的；

（五）随意变更会计处理方法的；

（六）向不同的会计资料使用者提供的财务会计报告编制依据不一致的；

（七）未按照规定使用会计记录文字或者记账本位币的；

（八）未按照规定保管会计资料，致使会计资料毁损、灭失的；

（九）未按照规定建立并实施单位内部会计监督制度或者拒绝依法实施的监督或者不如实提供有关会计资料及有关情况的；

（十）任用会计人员不符合本法规定的。

有前款所列行为之一，构成犯罪的，依法追究刑事责任。

会计人员有第一款所列行为之一，情节严重的，五年内不得从事会计工作。

有关法律对第一款所列行为的处罚另有规定的，依照有关法律的规定办理。

第四十一条 伪造、变造会计凭证、会计账簿，编制虚假财务会计报告，隐匿或者故意销毁依法应当保存的会计凭证、会计账簿、财务会计报告的，由县级以上人民政府财政部门责令限期改正，给予警告、通报批评，没收违法所得，违法所得二十万元以上的，对单位可以并处违法所得一倍以上十倍以下的罚款，没有违法所得或者违法所得不足二十万元的，可以并处二十万元以上二百万元以下的罚款；对其直接负责的主管人员和其他直接责任人员可以处十万元以上五十万元以下的罚款，情节严重的，可以处五十万元以上二百万元以下的罚款；属于公职人员的，还应当依法给予处分；其中的会计人员，五年内不得从事会计工作；构成犯罪的，依法追究刑事责任。

第四十二条 授意、指使、强令会计机构、会计人员及其他人员伪造、变造会计凭证、会计账簿，编制虚假财务会计报告或者隐匿、故意销毁依法应当保存的会计凭证、会计账簿、财务会计报告的，由县级以上人民政府财政部门给予警告、通报批评，可以并处二十万元以上一百万元以下的罚款；情节严重的，可以并处一百万元以上五百万元以下的罚款；属于公职人员的，还应当依法给予处分；构成犯罪的，依法追究刑事责任。

第四十三条 单位负责人对依法履行职责、抵制违反本法规定行为的会计人员以降级、撤职、调离工作岗位、解聘或者开除等方式实行打击报复的，依法给予处分；构成犯罪的，依法追究刑事责任。对受打击报复的会计人员，应当恢复其名誉和原有职务、级别。

第四十四条 财政部门及有关行政部门的工作人员在实施监督管理中滥用职权、玩忽职守、徇私舞弊或者泄露国家秘密、工作秘密、商业秘密、个人隐私、个人信息的，依法给予处分；构成犯罪的，依法追究刑事责任。

第四十五条 违反本法规定，将检举人姓名和检举材料转给被检举单位和被检举人个人的,依法给予处分。

第四十六条 违反本法规定,但具有《中华人民共和国行政处罚法》规定的从轻、减轻或者不予处罚情形的,依照其规定从轻、减轻或者不予处罚。

第四十七条 因违反本法规定受到处罚的,按照国家有关规定记入信用记录。

违反本法规定,同时违反其他法律规定的,由有关部门在各自职权范围内依法进行处罚。

第六章 附　　则

第四十八条 本法下列用语的含义:

单位负责人,是指单位法定代表人或者法律、行政法规规定代表单位行使职权的主要负责人。

国家统一的会计制度,是指国务院财政部门根据本法制定的关于会计核算、会计监督、会计机构和会计人员以及会计工作管理的制度。

第四十九条 中央军事委员会有关部门可以依照本法和国家统一的会计制度制定军队实施国家统一的会计制度的具体办法,抄送国务院财政部门。

第五十条 个体工商户会计管理的具体办法,由国务院财政部门根据本法的原则另行规定。

第五十一条 本法自2000年7月1日起施行。

附录 2

财政部关于印发
《会计信息化工作规范》的通知

财会〔2024〕11 号

党中央有关部门，国务院各部委、各直属机构，全国人大常委会办公厅，全国政协办公厅，最高人民法院，最高人民检察院，各民主党派中央，有关人民团体，各省、自治区、直辖市、计划单列市财政厅（局），新疆生产建设兵团财政局，财政部各地监管局，有关单位：

为贯彻落实《中华人民共和国会计法》的有关要求，规范数字经济环境下的会计工作，推动会计信息化健康发展，根据《会计改革与发展"十四五"规划纲要》、《会计信息化发展规划（2021—2025 年）》，我们对《企业会计信息化工作规范》(财会〔2013〕20 号）进行修订，形成了《会计信息化工作规范》，现予印发，请遵照执行。

附件：会计信息化工作规范

财政部
2024 年 7 月 26 日

附件

会计信息化工作规范

第一章 总 则

第一条 为了规范数字经济环境下的会计工作，推动会计信息化健康发展，提高会计信息质量，发挥会计数据作用，根据《中华人民共和国会计法》等法律、行政法规和规章，制定本规范。

第二条 国家机关、社会团体、公司、企业、事业单位和其他组织（以下统称单位）开展会计信息化工作，适用本规范。

第三条 本规范所称会计信息化，是指单位利用现代信息技术手段和数字基础设施开展会计核算，以及利用现代信息技术手段和数字基础设施将会计核算与其他经营管理活动有机结合的过程。

本规范所称会计软件，是指单位使用的专门用于会计核算、财务管理的应用软件或者其功能模块。会计软件具有以下基本功能：

（一）为会计核算、财务管理直接采集数据；

（二）生成会计凭证、账簿、报表等会计资料；

（三）对会计资料进行存储、转换、输出、分析、利用。

本规范所称会计软件服务，是指会计软件服务商提供的通用会计软件开发、个性化需求开发、软件系统部署与维护、云服务功能使用订阅、用户使用培训及相关的数据分析等服务。

本规范所称会计信息系统，是指会计软件及其软硬件运行环境。

本规范所称电子会计凭证，是指以电子形式生成、传输并存储的各类会计凭证，包括电子原始凭证、电子记账凭证。电子原始凭证可由单位内部生成，也可从外部接收。

第四条 财政部主管全国会计信息化工作，主要职责包括：

（一）拟订会计信息化发展政策、制度与规划；

（二）起草、制定会计信息化标准；

（三）规范会计软件基本功能和相关服务；

（四）指导和监督单位开展会计信息化工作、会计软件服务商提供会计软件和相关服务。

第五条 县级以上地方各级人民政府财政部门负责管理本行政区域内会计信息化工作，指导和监督本行政区域内单位开展会计信息化工作。

省、自治区、直辖市人民政府财政部门负责指导和监督本行政区域内会计软件服务商提供会计软件和相关服务。

第六条 单位应当重视会计信息化工作，加强组织领导和人才培养，建立健全制度，完善管理机制，保障资金投入，积极推进会计信息化在本单位的应用。

单位负责人是本单位会计信息化工作的第一责任人。单位应当指定专门机构或者岗位负责会计信息化工作，并依照本规范的要求开展工作。

未设置会计机构和会计岗位的单位，可以采取委托代理记账机构或者财政部规定的其他方式组织会计工作，推进会计信息化应用。

第七条 单位配备会计软件、会计软件服务商提供会计软件和相关服务，应当符合国家统一的会计软件功能和服务规范的规定。

第二章 会计信息化建设

第八条 单位开展会计信息化建设，应当根据单位发展目标和信息化体系建设实际需要，遵循统筹兼顾、安全合规、成本效益等原则，因地制宜地推进。

第九条 单位应当加强会计信息化建设顶层设计和整体规划，明确建设目标和资源投入，统一构建管理机制和标准体系，合理搭建系统框架和内容模块，科学制定实施步骤和实施路径，保障内外部系统有机整合和互联互通。

第十条 单位应当在推动实现会计核算信息化的基础上，从业务领域层面逐步推动实现财务管理信息化和决策支持信息化，从技术应用层面推动实现会计工作数字化、智能化。

第十一条 单位应当加强会计信息化制度建设，明确会计信息化建设和应用各个领域与各个环节的管理要求和责任机制。

第十二条 单位应当注重会计信息系统与单位运营环境的匹配,通过会计信息化推动管理模式、组织架构、业务流程的优化与革新,建立健全适应数字经济发展要求的会计信息化工作体系。

第十三条 单位应当在遵循国家统一的会计制度的基础上,加强会计标准化建设,结合单位实际业务场景和管理需求,制定统一的会计核算科目体系、核算流程、财务主数据及会计报表等一系列业务标准,并建立健全内部技术标准和数据标准体系,消除数据孤岛,促进数据利用。

鼓励行业主管部门、大型企业及企业集团对所属单位统一开展会计标准化建设。

第十四条 单位建设配备会计信息系统,应当根据管理要求、技术力量以及业务需求,考虑系统功能、安全性、可靠性、开放性、可扩展性等要求,合理选择购买、定制开发、购买与定制开发相结合、租用等方式。

定制开发包括单位自行开发、委托外部单位开发、与外部单位联合开发。

第十五条 单位通过委托外部单位开发、购买或者租用等方式配备会计信息系统,应当在有关合同中约定服务内容、服务质量、服务时效、数据安全等权利和责任事项。

第十六条 会计信息系统业务流程设计、业务规则制定应当科学合理。鼓励实现业务流程、业务规则配置操作可视化。

会计信息系统应当设定经办、审核、审批等必要的审签程序。系统自动执行的业务流程应当可查询、可校验、可追溯。

第十七条 对于会计信息系统自动生成且具有明晰审核规则的会计凭证,可以将审核规则嵌入会计信息系统,由系统自动审核。未经自动审核的会计凭证,应当先经人工审核再进行后续处理。

系统自动审核的规则应当可查询、可校验、可追溯,其设立与变更应当履行审签程序,严格管理,留档备查。

第十八条 单位应当遵循内部控制规范体系要求,运用技术手段加强对会计信息系统规划、设计、开发、运行、维护全过程的控制,并将控制流程和控制规则嵌入会计信息系统,实现对违反控制要求情况的自动防范和监控预警。

第十九条 单位建设与会计信息系统相关的业务系统,应当安排负责会计信息化工作的专门机构或者岗位参与,充分考虑会计信息系统的需求,加强内部系统协同。

单位应当促进会计信息系统与业务信息系统的一体化，通过业务的处理直接驱动会计处理，提高业务数据与会计数据的一致性，实现单位内部数据资源共享与分析利用。

第二十条 单位应当根据实际情况，开展本单位会计信息系统与财政、税务、银行、供应商、客户等外部单位信息系统的互联，实现外部交易信息的集中自动处理。

提供产品或者服务的单位，具备条件的，应当向接受产品或者服务的单位交付符合电子凭证会计数据标准的电子凭证。

国家机关、事业单位等预算单位使用的会计信息系统应当按照财政预算管理一体化系统有关接口标准，实现与财政预算管理一体化系统的衔接。

鼓励单位利用现代信息技术定期核对往来款项，提高外部交易和会计信息的真实性、完整性。

第二十一条 鼓励单位积极探索大数据、人工智能、移动互联网、云计算、物联网、区块链等现代信息技术在会计领域的应用，提升会计信息化水平。

第二十二条 具备条件的单位应当利用信息技术促进会计工作的集约化、自动化、智能化，构建和优化财务共享服务、预算管理一体化、云服务等工作模式。

第三章 会计数据处理和应用

第二十三条 单位应当遵循国家统一的会计数据标准，保证会计信息系统输入、处理、输出等各环节的会计数据质量和可用性，夯实会计数据处理和应用基础。

第二十四条 单位应当建立安全便捷的电子原始凭证获取渠道。鼓励单位通过数据交换、数据集成等方式，实现电子原始凭证等会计数据的自动采集和接收。

第二十五条 单位处理和应用电子会计凭证，应当保证电子会计凭证的接收、生成、传输、存储等各环节安全可靠。

单位应当通过完善会计信息系统功能、建立比对机制等方式，对接收的电子原始凭证等会计数据进行验证，确保其来源合法、真实，对电子原始凭证的任何篡改能够被发现，并设置必要的程序防止其重复入账。

第二十六条 单位会计信息系统应当能够准确、完整、有效地读取或者解析电子原始凭证及其元数据，按照国家统一的会计制度的规定开展会计核算，生成会计凭证、会计账簿、财务会计报告等会计资料。

单位会计信息系统应当适配电子凭证会计数据标准，具备处理符合标准的电子会计凭证的能力，并生成符合标准的入账信息结构化数据文件。

对于财务会计报告按规定须经注册会计师审计的单位，鼓励其会计信息系统适配注册会计师审计数据标准。

第二十七条 单位以电子会计凭证的纸质打印件作为报销、入账、归档依据的，必须同时保存打印该纸质件的电子会计凭证原文件，并建立纸质会计凭证与其对应电子文件的检索关系。

第二十八条 单位以纸质会计凭证的电子影像文件作为报销、入账、归档依据的，必须同时保存纸质会计凭证，并建立电子影像文件与其对应纸质会计凭证的检索关系。

第二十九条 具备条件的单位应当推动电子会计凭证接收、生成、传输、存储、归档等各环节全流程无纸化、自动化处理。

第三十条 单位可以在权责明确、确保信息安全的情况下，将一个或者多个会计数据处理环节委托给符合要求的第三方平台进行集约化、批量化处理，以降低成本、提高效率。

鼓励第三方平台探索一站式、聚合式服务模式。

第三十一条 单位应当按照国家有关电子会计档案管理的规定，建立和完善电子会计资料的形成、收集、整理、归档和电子会计档案保管、统计、利用、鉴定、处置等管理制度，采取可靠的安全防护技术和措施，保证电子会计档案在传递及存储过程中的真实性、完整性、可用性和安全性，加强电子会计资料归档和电子会计档案管理。

符合电子凭证会计数据标准的入账信息结构化数据文件应当与电子会计凭证同步归档。

第三十二条 来源可靠、程序规范、要素合规的电子会计凭证、电子会计账簿、电子财务会计报告和其他电子会计资料与纸质会计资料具有同等法律效力，可仅以电子形式接收、处理、生成和归档保存。

符合国家有关电子会计档案管理要求的电子会计档案与纸质会计档案具有

同等法律效力。除法律、行政法规另有规定外，电子会计档案可不再另以纸质形式保存。

第三十三条　单位应当充分利用现代信息技术，推动单位业财融合和会计职能拓展，增强会计数据支撑单位提升绩效管理、风险管理、可持续发展的能力，助力单位高质量发展。

单位应当加强会计数据与其他财会监督数据汇聚融合和共享共用，推动财会监督信息化。

第三十四条　鼓励单位运用各类信息技术开展会计数据治理，探索形成可扩展、可聚合、可比对的会计数据要素，丰富数据应用场景，服务价值创造。

鼓励单位以安全合规为前提，促进会计数据要素的流通使用，发挥会计数据要素在资源配置中的支撑作用，充分实现会计数据要素价值。

第三十五条　单位应当根据法律法规要求向会计资料使用者提供电子财务会计报告等电子会计资料。

实施企业会计准则通用分类标准的企业，应当按照有关要求向财政部门等监管部门报送可扩展商业报告语言（XBRL）财务会计报告。

第三十六条　单位接受外部监督检查机构依法依规查询和调阅会计资料时，对符合国家有关电子会计档案管理规定要求的电子会计资料，可仅以电子形式提供。

第四章　会计信息化安全

第三十七条　单位会计信息化工作应当统筹安全与发展，遵循《中华人民共和国网络安全法》、《中华人民共和国数据安全法》、《中华人民共和国保守国家秘密法》等法律法规的有关规定，切实防范、控制和化解会计信息化可能产生的风险。

第三十八条　单位应当加强会计数据安全风险防范，采取数据加密传输技术等有效措施，保证会计数据处理与应用的安全合规，避免会计数据在生成、传输、处理、存储等环节的泄露、篡改及损毁风险。

单位应当对电子会计资料进行备份，规定备份信息的备份方式、备份频率、存储介质、保存期等，确保会计资料的安全、完整和可用。

鼓励单位结合内部数据管理要求建立会计数据安全分类分级管理体系，加强对重要数据和核心数据的保护。

第三十九条 单位应当加强会计信息系统安全风险防范，采取有效措施保证会计信息系统持续、稳定、安全运行。

第四十条 单位应当按照国家网络安全等级保护制度，全面落实安全保护管理和技术要求，加强会计信息网络安全风险防范，采取有效措施保障会计信息网络安全，防范病毒木马、恶意软件、黑客攻击或者非法访问等风险。

第四十一条 单位开展涉及国家秘密的会计信息化活动，应当遵循《中华人民共和国保守国家秘密法》等法律法规的有关规定。

单位不得在非涉密信息系统和设备中存储、处理和传输涉及国家秘密或者其他法律法规另有限制性规定的电子会计资料。

第四十二条 单位会计信息系统数据服务器的部署应当符合国家有关规定。如存在单位在境外设立分支机构等情形，其数据服务器部署在境外的，应当在境内保存电子会计资料备份，备份频率不得低于每月一次。境内备份的电子会计资料应当能够在境外服务器不能正常工作时，独立满足单位开展会计工作的需要以及财会监督的需要。

单位应当加强跨境会计信息安全管理，防止境内外有关机构和个人通过违法违规和不当手段获取并向境外传输会计数据。

单位的电子会计档案需要携带、寄运或者传输至境外的，应当按照国家有关规定执行。

第四十三条 单位开展会计信息化工作涉及处理自然人个人信息的活动，应当遵循《中华人民共和国个人信息保护法》等法律法规的有关规定。

第四十四条 单位开展会计信息化工作涉及人工智能各类活动和生成式人工智能服务，应当遵守有关法律法规，尊重社会公德和伦理道德。

第五章　会计信息化监督

第四十五条 县级以上地方各级人民政府财政部门采取现场检查、第三方评价等方式对单位开展会计信息化工作是否符合本规范、会计软件功能和服务规范要求的情况实施监督。对不符合要求的单位，由县级以上地方各级人民政府财政部门责令限期改正。限期不改的，县级以上地方各级人民政府财政部门应当依法予以处罚，并将有关情况通报同级相关部门。

第四十六条 财政部采取组织同行评议、第三方认证、向用户单位征求意见等方式对会计软件服务商提供会计软件和相关服务遵循会计软件功能和服务规范的情况进行检查。

省、自治区、直辖市人民政府财政部门发现会计软件和相关服务不符合会计软件功能和服务规范规定的，应当将有关情况报财政部。

任何单位和个人发现会计软件和相关服务不符合会计软件功能和服务规范要求的，可以向所在地省（自治区、直辖市）人民政府财政部门反映，有关省、自治区、直辖市人民政府财政部门应当根据反映情况开展调查，并按本条第二款规定处理。

第四十七条 会计软件服务商提供会计软件和相关服务不符合会计软件功能和服务规范要求的，财政部可以约谈该服务商主要负责人，责令限期改正。限期内未改正的，由财政部依法予以处罚，并将有关情况通报相关部门。

第四十八条 财政部门及其工作人员存在违反本规范规定，以及其他滥用职权、玩忽职守、徇私舞弊等违法违规行为的，依法依规追究相应责任。

第六章 附 则

第四十九条 省、自治区、直辖市人民政府财政部门可以根据本规范制定本行政区域内的具体实施办法。

第五十条 本规范自 2025 年 1 月 1 日起施行。《会计电算化工作规范》（财会字〔1996〕17 号）、《企业会计信息化工作规范》（财会〔2013〕20 号）同时废止。

附录 3

财政部关于印发《会计软件基本功能和服务规范》的通知

财会〔2024〕12 号

党中央有关部门，国务院各部委、各直属机构，全国人大常委会办公厅，全国政协办公厅，最高人民法院，最高人民检察院，各民主党派中央，有关人民团体，各省、自治区、直辖市、计划单列市财政厅（局），新疆生产建设兵团财政局，财政部各地监管局，有关单位：

  为贯彻落实《中华人民共和国会计法》有关要求，规范数字经济环境下的会计软件基本功能和服务，提高会计软件和相关服务质量，根据《会计改革与发展"十四五"规划纲要》、《会计信息化发展规划（2021—2025 年）》，我们对《会计核算软件基本功能规范》（财会字〔1994〕27 号）进行修订，形成了《会计软件基本功能和服务规范》，现予印发，请遵照执行。

  本规范施行前已经投入使用但不符合本规范有关要求的会计软件，应当自本规范施行之日起 3 年内进行升级完善，达到要求。

  附件：会计软件基本功能和服务规范

财政部

2024 年 7 月 29 日

附件

会计软件基本功能和服务规范

第一章 总 则

第一条 为了规范会计软件基本功能和服务，提高会计软件和相关服务质量，根据《中华人民共和国会计法》等法律、行政法规和《会计信息化工作规范》（财会〔2024〕11号）的有关规定，制定本规范。

第二条 国家机关、社会团体、公司、企业、事业单位和其他组织（以下统称单位）应用的会计软件和相关服务，会计软件服务商（含相关咨询服务机构，下同）提供的会计软件和相关服务，适用本规范。

单位在境外设立的分支机构，会计数据汇集到总部的，其应用的会计软件和相关服务，适用本规范。

第三条 本规范所称会计软件，是指单位使用的专门用于会计核算、财务管理的应用软件或者其功能模块。会计软件具有以下基本功能：

（一）为会计核算、财务管理直接采集数据；

（二）生成会计凭证、账簿、报表等会计资料；

（三）对会计资料进行存储、转换、输出、分析、利用。

本规范所称会计软件服务，是指会计软件服务商提供的通用会计软件开发、个性化需求开发、软件系统部署与维护、云服务功能使用订阅、用户使用培训及相关的数据分析等服务。

本规范所称电子会计凭证，是指以电子形式生成、传输并存储的各类会计凭证，包括电子原始凭证、电子记账凭证。电子原始凭证可由单位内部生成，也可从外部接收。

第二章　会计软件总体要求

第四条　会计软件的设计应当符合我国法律、行政法规和部门规章的有关规定，保证会计数据合法、真实、准确、完整、安全，有利于提高会计工作效率。

第五条　会计软件应当保障单位按照国家统一的会计制度开展会计工作，不得有违背国家统一的会计制度的功能设计。

第六条　会计软件应当遵循国家统一发布的电子凭证会计数据标准，在电子凭证输入、处理和输出等环节进行适配，满足会计数据标准的要求。

第七条　会计软件结构应当具备开放性，遵循国家相关技术标准规范，采用开放式体系架构，提供易于理解的标准数据接口，支持通用的数据传输协议和数据格式，便于实现与其他信息系统集成或数据交换。

第八条　会计软件功能应当具备可扩展性，满足当前及可预见时间内的业务需求，方便进行功能和会计数据标准应用的扩展。

第九条　会计软件设计应当具备灵活性，支持会计信息化业务模式、工作流程和数据等的灵活定义与部署。

第十条　会计软件性能应当具备稳定性，能够有效防范和消除用户误操作和恶性操作而产生系统错误甚至故障，能够通过自动或手工方式消除运行环境造成的影响，快速恢复正常运行。

第十一条　会计软件应当具备安全性，能够及时保存会计数据处理关键业务过程记录，有效防止非授权访问，充分防御恶意攻击，保障会计数据安全。

第十二条　会计软件服务商应当积极探索现代信息技术在会计领域的应用，在会计软件的研究开发中保持技术更新迭代，积极助力会计数字化转型和会计职能作用发挥。

第十三条　会计软件的界面应当优先使用中文，遵循中文编码国家标准并提供对中文处理的支持，可以同时提供外国或者少数民族文字界面对照和处理支持。

第十四条　会计软件应当支持以人民币作为记账本位币进行会计核算。以人民币以外币种记账的，应当支持折算为人民币编报财务会计报告。

第三章 会计数据输入

第十五条 会计软件应当具备会计数据输入功能，支持网络报文传输、文件导入和手工录入等输入方式。会计软件应具备输入数据校验功能，对于软件中已有的相关数据内容，支持对新输入会计数据与已有相关数据的准确性和一致性进行校验。

第十六条 会计软件应当支持与业务软件系统的一体化应用，确保会计数据真实、完整、安全地传输，实现电子原始凭证自动生成电子记账凭证。

第十七条 会计软件应当能够接收电子原始凭证等会计数据，支持通过查验电子签名等方式检查电子原始凭证的合法性、真实性。

第十八条 会计软件应当准确、完整、有效读取电子会计凭证中的数据，真实、直观、安全呈现电子会计凭证所承载的信息。

会计软件应当适配电子凭证会计数据标准，支持按照电子凭证会计数据标准解析符合标准的电子会计凭证。

第四章 会计数据处理

第十九条 会计软件应当安全、可靠地传输、存储、转换、利用会计数据。对内部生成和从外部接收的电子会计凭证，能准确识别和防止信息被篡改，能够如实、直观地向用户呈现凭证的真实性等状态。

第二十条 会计软件的数据处理功能设置应当符合国家统一的会计制度要求。

（一）会计软件应当同时提供国家统一的会计制度允许使用的多种会计核算方法，以供用户选择。会计软件对会计核算方法的更改过程，在系统内应当有相应的记录。

（二）会计软件应当提供符合国家统一的会计制度的会计科目分类和编码功能，支持单位进一步扩展应用。

（三）会计软件应当提供自定义辅助核算项目功能，支持单位结合实际情况开展多维度会计数据分析。

第二十一条 会计软件应当提供填制和生成记账凭证的功能。

（一）会计软件应当支持审签程序自动化，能够根据预置的审核规则实现电子会计凭证数据、业务数据和资金支付数据等相关数据的自动关联和相互校验。校验无误的电子原始凭证可自动填制电子记账凭证，并进行会计入账。

会计软件的自动审核规则应当可查询、可校验、可追溯。会计软件应当支持用户针对特定审签程序的系统自动化处理进行授权操作。

（二）会计软件应当按照国家统一的会计制度进行会计核算，具备经办、审核、审批等必要的审签程序并防止电子会计凭证重复入账。

（三）会计软件应当提供不可逆的记账功能，不得提供对已记账凭证的删除和插入功能，确保对同类已记账凭证的连续编号，不得提供对已记账凭证日期、币种、汇率、金额、科目、操作人等的修改功能。

（四）会计软件应当具有按照电子凭证会计数据标准要求处理电子会计凭证，并生成入账信息结构化数据文件的功能。

第二十二条 会计软件应当提供根据审核通过的记账凭证生成账簿的功能。

（一）根据审核通过的记账凭证或者记账凭证汇总表登记总分类账。

（二）根据审核通过的记账凭证和相应原始凭证登记明细分类账。

第二十三条 会计软件应当提供自动进行银行对账的功能，根据银行存款账面余额、银行存款日记账与输入的银行对账单，借助适当的手工辅助完成银行对账。

第二十四条 会计软件应当提供会计数据按照规定会计期间进行结账的功能。结账前，会计软件应当自动检查本期输入的会计凭证是否全部登记入账，全部登记入账后才能结账。

鼓励会计软件提供跨应用、跨系统的智能结账功能，满足单位多应用、多系统的情况下，加强结账任务协同，提升结账效率。

第二十五条 会计软件应当提供符合国家统一的会计制度规定自动编制会计报表的功能。会计软件应当提供会计报表的自定义功能，包括定义会计报表的格式、项目、各项目的数据来源、项目之间的计算逻辑等。

第二十六条 鼓励会计软件服务商在会计软件中集成可扩展商业报告语言（XBRL）功能，便于单位生成符合国家统一标准的XBRL会计数据文件和财务会计报告。

第五章　会计数据输出

第二十七条　会计软件应当提供符合国家统一的会计制度的会计凭证、会计账簿、财务会计报告和其他会计资料的显示、打印、生成版式文件并导出的功能。

第二十八条　会计软件应当具有会计资料归档功能,提供导出电子会计档案的接口,输出归档的电子会计资料应当符合国家有关电子文件归档与电子会计档案管理的要求。

第二十九条　会计软件应当具有符合国家统一标准的数据接口,满足系统功能拓展、与外部系统对接和监督需要,支持相关监管机构的信息披露要求。

第三十条　鼓励会计软件提供按照标准格式输出各类会计数据的功能,促进会计数据的应用,发挥会计数据的价值。

第六章　会计软件安全

第三十一条　会计软件运行、处理应当安全可靠,根据需要采取安全认证、电子签名、数字加密和可信存证等技术手段,防止非授权访问,防范数据库中的会计数据被篡改,保障会计处理过程安全可信,以及会计数据可验证、可溯源。

第三十二条　会计软件应当能够记录用户操作日志,确保日志的安全、完整,提供按操作人员、操作时间和操作内容查询日志的功能,并能以简单易懂的形式输出。

第三十三条　会计软件应当满足数据保密性的要求,支持对重要敏感数据的加密存储和传输。会计软件应支持按照数据使用场景及安全要求,对敏感数据进行脱敏处理。

第三十四条　会计软件应当满足数据完整性的要求,根据需要采取电子签名、可信存证等技术手段,保障会计数据不被篡改。

第三十五条　会计软件应当满足数据可靠存储的要求,能够支持数据容灾和备份功能,避免会计数据因错误操作、系统故障或自然灾害而损毁、丢失。

第三十六条　会计软件应当满足跨境数据境内备份的要求。如存在单位在境外设立分支机构等情形,其数据服务器部署在境外的,会计软件应当能够支持将境外部署的数据服务器中的电子会计资料备份到境内,并能够支持在必要时仅依靠境内备份的电子会计资料独立满足单位开展会计工作以及财会监督需要。

第三十七条 会计软件采用密码技术的,应当遵循国家密码主管部门的有关规定。

第七章 会计软件服务

第三十八条 鼓励会计软件服务商为用户提供符合国家统一的会计制度要求的个性化、自动化、智能化核算处理功能。

会计软件服务商为财务会计报告按规定须经注册会计师审计的单位提供会计软件时,鼓励其提供的会计软件适配注册会计师审计数据标准。

第三十九条 会计软件服务商应当保证会计软件服务质量,按照合同约定及时解决用户使用中的故障问题。

对于新施行的国家统一的会计制度和会计数据标准,会计软件服务商应当及时审查和评估软件功能,对软件进行必要的维护和升级,并通知用户所升级的版本、补丁和功能。

对于会计软件服务提供之前已施行的国家统一的会计制度和会计数据标准,会计软件服务存在影响用户按照国家统一的会计制度进行会计核算的,或存在影响用户按照会计数据标准输入、处理和输出会计数据的,会计软件服务商应当为用户免费提供更正程序以消除上述影响。

第四十条 会计软件服务商以远程访问、云计算等方式提供的会计软件服务,应当支持用户使用符合本规范要求的会计软件功能。

第四十一条 用户以远程访问、云计算等方式使用会计软件服务生成的电子会计资料及相关数据归用户所有。

会计软件服务商应当提供符合国家统一标准的数据接口供用户导出电子会计资料,不得以任何理由拒绝用户导出电子会计资料的请求。

第四十二条 以远程访问、云计算等方式提供服务的会计软件服务商,应当严格遵守国家有关网络安全、数据安全和信息保护等方面的法律法规,落实网络安全等级保护的有关要求,在技术上保证用户会计资料的安全、完整和可用,为用户的会计资料提供必要的数据容灾、应用容灾技术措施,出现系统故障或自然灾害导致数据毁损的，能及时为用户恢复会计资料，保障用户业务能够延续。对于因会计软件服务商原因造成用户会计资料泄露、毁损的，会计软件服务商应当按规定承担恢复、赔偿责任。

第四十三条 以远程访问、云计算等方式提供服务的会计软件服务商，应当做好本服务商不能维持服务的情况下，保障用户电子会计资料安全以及单位会计工作持续进行的预案，并在相关服务合同中与用户就该预案做出约定。

第四十四条 会计软件服务商应当为用户提供必要的会计软件使用操作培训和相关教程资料。会计软件服务商和用户在有关合同中约定了操作培训事宜的，应当从其约定。

第四十五条 会计软件服务商可以采用现场服务、呼叫中心、在线人工客服、智能客服、网络社区服务等多种方式为用户提供实时技术支持。

会计软件服务商应当努力提高会计软件相关服务质量，按照合同约定及时解决用户使用中的故障问题，并建立突发问题应急机制。

第四十六条 有关部门依法开展监督检查工作，需要通过会计软件开展检查、调查的，会计软件服务商应当配合并提供相关文档等支持资料。

第八章 附　　则

第四十七条 本规范自 2025 年 1 月 1 日起施行。《会计核算软件基本功能规范》（财会字〔1994〕27 号）同时废止。